CHRISTA REINIG

DER WOLF UND DIE WITWEN

ERZÄHLUNGEN UND ESSAYS

VERLAG FRAUENOFFENSIVE

INHALT

DIE WITWEN

Der zellkern einer frau besteht aus zwei weiblichen hälften. Der zellkern eines mannes besteht aus einer weiblichen und einer männlichen hälfte. Könnten wir alle chromosomen der menschheit zu einem ball zusammenzudrücken, dann würden die männer zur hälfte in der gesamt-weiblichen erbmasse enthalten sein, zur andern hälfte aber würden sie mit ihrer eigenen männlichen erbmasse aus der weiblichkeit herausfallen.

Das bewirkt, daß an einer virusgrippe, an der frauen erkrankt sind, auch männer erkranken können, daß aber eine virusgrippe denkbar ist, die allein männer bedroht und frauen verschont, wenn nämlich der virus sich darauf spezialisiert hat, die männliche zellkernhälfte zu zerstören. Dann würden sich die männer niederlegen und die frauen auf ihren füßen bleiben – müssen.

Stellen wir uns die auswirkungen einer solchen virusgrippe vor. Die frauen würden zunächst gar nicht auf ihre jammernden männer reagieren, die ins bett zurückkriechen. Sie würden sich auch nichts dabei denken, daß die nachbarin sagt: „Meinem mann gehts auch nicht gut." Dann plötzlich würden sämtliche lampen und lichtquellen erlöschen wie mit der axt umgehauen. Im ganzen land ist der strom ausgefallen. Denn die arbeiter und angestellten der kraftwerke sind männer.

Es wären flugzeuge in der luft, die könnten nie mehr landen, selbst nicht amerikanische flugzeuge, die einen weiblichen co-piloten hätten. Denn die männer im tower sind männer. Aufgrund der weiblichen minder- pardon! anderswertigkeit müssen sämtliche strategischen positionen der industrie und technik mit männern besetzt sein. Aber es gibt einen weiblichen familienminister.

Es wären schiffe auf dem meer, die kämen nirgendwo mehr an. Denn die hierarchie der seemänner duldet weibliche steuerzahler, aus deren geldern neue schiffe gebaut werden können, sie duldet keine weiblichen steuerleute an bord dieser schiffe. Aber es gibt einen weiblichen gesundheitsminister.

Erstaunlich, wieviele emanzipierte frauen es im gesundheitswesen gibt. Aber sie sind zumeist niedere nachttopfträger. Weibliche ärzte reichen gerade hin, ihre männlichen kollegen zu verarzten. Keine weibliche medizinermacht könnte der masse der männer helfen und der seuche entgegentreten.

Auf den landstraßen stehen die lkws. Die fahrer haben die türen aufgeklinkt und sind herausgefallen. Frauen, deren penisneid ausgereicht hat, den führerschein zu machen, steigen aus ihrem opel-kadett oder aus ihrem vw-golf um in die kabinen der lkws und lenken die schweren brummer mit dem einen oder den zwei anhängern in die stadt.

Eigentlich könnten frauen das gar nicht leisten. Sie werden auch das gefühl nicht los, daß sie etwas verbotenes tun. Aber die kinder müssen ernährt werden, und das tägliche brot ist in diesen lkws, die sich vor ampeln stauen, die nichts mehr signalisieren.

Da frauen nicht logisch denken können, vergeht viel zeit damit, daß sie aus toten telefonen versuchen, männliche retter herbeizuklingeln. Dann vergeht abermals zeit, in der sich die nachbarinnen vor dem lift versammeln und hoffen und beten, daß sich der lift auf geheimnisvolle weise doch noch bewegt.

Endlich gehen die frauen an die arbeit. Sie versuchen, die männer durch die treppenschächte der hochhäuser zu transportieren. Sie kommen bis zum siebten stock herunter. Dann wird aus dem fünften stock heraufgerufen, daß alles verstopft ist. Es müssen 36 männer zugleich ins krankenhaus gebracht werden. Einige davon sterben unterwegs auf den treppenstufen. Die frauen steigen über sie hinweg und kehren in ihre wohnungen zurück, nicht aus hartherzigkeit, sondern aus verzweiflung.

Es gibt eine frauenspezifische tätigkeit, die dem leistungsvermögen weiblicher arbeitnehmer ideal angepaßt ist: Aus dem fenster schauen. Die frauen öffnen das fenster und schauen in die tiefe. Dann tun sie das richtige. Sie werfen ihre gatten und chefs aus den fenstern der guten stuben und büros auf die straße. Die lkw-frauen, die sich ganz schön freigeschwommen haben, patroullieren vorbei und sammeln die leichen vom pflaster auf.

Wo es männer gibt, da gibt es bauvorhaben, wo es bauvorhaben gibt, da gibt es mischmaschinen und zement. Frauen sind hochbegabte bauhilfsarbeiter. Jetzt wird ihr talent gebraucht. Sie stapeln die toten männer in die bauvorhaben und zementieren sie ein.

Da nach dem zusammensturz der männer im todeskampf nun und nimmermehr die u-bahn fahren wird, können u-bahn-schächte dazu dienen, die masse der toten aufzunehmen. Auf diese weise können millionen von leichen schnellstens beseitigt werden, ohne daß eine luftverschmutzung durch rauch oder eine umweltverseuchung duch chemie entsteht.

Von zeit zu zeit befällt die frauen furcht und zittern,

das sie schnell wieder abschütteln. Zwar gibt es keine freunde und beschützer mehr, aber es gibt auch keine frauenschlächter und frauenschänder mehr. Die leichen der toten männer verbreiten eine atmosphäre von frieden und sicherheit, wie es die leiber der lebenden männer nie vermocht haben.

Frauen, die karate gelernt haben, um vergewaltigern den ellbogen in die lenden rammen zu können, wünschten, sie hätten technische nothilfe gelernt. Denn frauen, die was von technik verstehen, sind jetzt die platzhirsche, und wir wollen uns einbilden, daß ihnen die prinzipien einer feministischen demokratie heilig sind.

Gegen abend müssen zwangsläufig alle arbeiten eingestellt werden. Die frauen entzünden kerzen oder basteln sich ölfunzeln. Sie versammeln sich. Ein gefühl von verbitterung verbreitet sich in der menge. Es erscheint den frauen als ein unmotivierter racheakt, daß die männer ihre witwen in einem solchen zustand des nichtwissens und nichtkönnens, von rat- und hilflosigkeit zurückgelassen haben. Aber da die männer nun wirklich nicht schuld an ihrem eigenen verderben sind, wird die unmutige stimmung humoristisch eingefärbt. Die frauen werden immer lustiger.

Manche frauen gehen zum ersten mal in ihrem leben allein durch einen nächtlichen park. Die öden und kalten straßenschluchten der mammutstädte sind gar nicht so finster, wie es den anschein hat. Ein riesiges licht geht auf. Viele frauen kennen es aus dem fernsehen, als die männer dahingefahren sind: Es ist der mond.

Wir wollen nicht verschweigen, daß geprügelt und geplündert wird. Aber die bösewichter sind leute von deinesgleichen und kraft steht gegen kraft. Kein übermächtiger feind quetscht dich platt auf die erde. Die möglichkeit einer gegenwehr macht die frauen kampfentschlossen, und sie schicken die weiblichen rabauken in den wohlverdienten ruhestand.

Am anderen morgen beginnt der exodus aus der stadt aufs land hinaus, dahin, wo das essen aus der erde wächst und der wassereimer nicht 12 stockwerke emporgehievt werden muß.

Einige medizinstudentinnen sind geblieben und gehen zur tagesordnung über. Sie wollen einen mann zerlegen. Aber die frauen haben ganze arbeit geleistet. Wo gibt es noch einen mann für den seziersaal? Sie gehen in die klinik. Die ärztinnen schrubben gemeinsam mit den putzfrauen die fußböden. Sie zeigen mit dem zeigefinger zur erde.

Die studentinnen gehen in den keller. Die leichenträgerinnen sind gerade dabei, ihre tragen, die sich unterwegs in bahren verwandelt haben, an die wand zu stellen und gehen achselzuckend davon. Feierabend!

Die studentinnen spazieren die straßen entlang. Da kommt ihnen ein trupp hausfrauen entgegen. Sie sind arbeitslos und heiterster laune. Sie tragen noch die reste ihrer rosanen blusen, aber die stöckelschuhe haben sie abgeworfen. Ihre füße sind kalküberkrustet. Die zerzausten frisuren sind weiß überstaubt. Sie reichen eine flasche von hand zu hand und sind sehr laut.

Tatsächlich sind diese frauen in einer solchen verfassung von nervenzusammenbruch, körperlicher erschöpfung und betrunkenheit, daß jeder einzelne dieser zustände sie umhauen würde. Aber alles zusammen hält ihre körper in der schwebe wie drei zeltstangen, die aneinandergelehnt die zeltbahn tragen.

Die studentinnen sprechen diese hausfrauen, die nun baufrauen sind, an und äußern ihren absurden wunsch: Sie benötigen dringend eine männerleiche.

Die ungeheure überlebensleistung hat die frauen von der ursache ihres elends abgetrennt: daß es von einem tag zum anderen alles so anders geworden ist, weil es keine männer mehr gibt. Die frage der studentinnen ernüchtert die baufrauen, und beim anblick ihrer ernüchterung erleiden die studentinnen ein erwachungserlebnis. Sie erwachen in eine andere welt.

Die baufrauen gehen mit den studentinnen eine strecke zurück bis vor den eingang einer u-bahnstation. Der eingang ist zu einer lückenlosen wand vermauert. Der kalk ist noch nicht trocken. Eine frau schlägt mit der flachen hand an die steine, die sie eben noch aufgemauert hat und sagt: „Wißt ihr, wo es was zu essen gibt?"

Ja, das ist jetzt das problem.

DER WOLF UND DIE FRAU

Es ist den psychoanalytikern gelungen, den ödipuskomplex zu heilen. Moderne söhne streben nicht mehr danach, mit ihrer mutter zu schlafen und ihren vater zu töten. Sie streben nun danach, mit ihrem vater zu schlafen und ihre mutter zu töten.

Alljährlich werden in der welt gleich viel frauen ermordet wie im dritten reich juden ermordet wurden und aus dem gleichen grund: Weil in den augen der männer weibliches leben lebensunwertes leben ist. Wenn die männer dazu übergingen, die frauen, die sie täglich abschlachten, auch aufzuessen, könnten sie ihre ernährungsprobleme besser lösen. Für den mann steht die frau noch unter dem tier. Vielleicht ist das der grund, weshalb wir nicht in die wurstmaschine kommen.

Ich bin angehörige der lesbischen nation, selbst wenn ich es nicht wollte, ich müßte es sein. Ich bin keine deutsche mehr. Ich habe die deutsche nation verlassen, weil es im 1. Deutschen Fernsehen eine sendereihe gibt, die heißt: „Der Wolf und die Frau." Erst das männliche tier, dann der weibliche mensch.

Es ist sonntag morgen, und ich erwäge, ob ich überhaupt noch gewillt bin, diesen erdball mit männlichen wesen zu teilen, da beginnt der Bayerische Rundfunk die sendung: „Diese unsere Welt." Der heutige beitrag stammt von Wilhelm Höck und heißt: „Nur ein unvollkommenes Tier – Zur Psychologie des Hexenwahns und der männlichen Macht."

Das ist hörenswert, denn neuerdings wird behauptet, daß es gar keine hexenverfolgung als kollektive ausrottungsaktion von männern gegen frauen gegeben habe. Nachweisbar ist ab und zu auch ein mann auf dem scheiterhaufen der inquisition verbrannt worden. Der autor scheint einen extrem weiblichen standpunkt zu vertreten. Ein mann auf der seite der schwarzen spielsteine! Da bin ich neugierig, wie ein mann unser spiel spielen wird.

Bereits der erste hieb geht auf Sigmund Freud. Der brave frauenverteidiger stellt fest, daß zwischen den texten des hexenhammers und den weiblichkeitstheorien Freuds nur ein kleiner unterschied sei. Er wirft Freud vor, daß dieser *den standpunkt der hexenverfolgung prinzipiell nicht verläßt.* Enorm!

Allerdings behalte ich ein unbehagliches gefühl. Der verfasser eröffnet sein spiel mit der behauptung, daß männer angst vor frauen haben und daß daher ihr fehlverhalten gegen frauen käme. Nun widerfährt es mir von zeit zu zeit, daß irgend ein mann auf mich draufhaut. Der anlaß ist gewöhnlich, daß ich auf derselben straßenseite gehe. Der mann entlädt sich gewissermaßen en passant – und ich muß mit einem riesigen kraftausstoß, den die angst in mir freisetzt, gegen diese übermacht von muskeln und knochen und pfunden und dezimetern zurückschlagen. Ich kann nicht glauben, daß ein mann, der mich auf der straße angreift, das tut, weil er angst vor mir hat und sich im zustand der selbstverteidigung befindet.

Ich unterdrücke mein mißbehagen und lasse dem freund der frauen weiterhin das wort. Es gibt so wenig, was männer sagen könnten und mit dem ich einverstanden wäre, da will ich nicht kleinlich sein.

Plötzlich sagt der sprecher: *... boten sie sich den tonangebenden männern an ...*

Frauen, die sich anbieten, das bedeutet in der bildvorstellung der männer ein weibliches miststück, das die bluse aufgeknöpft hat und mit der zunge zwischen den lippen hin und herfährt. Der textzusammenhang ist folgender:

... und nachdem frauen in allen kulturen mit natur identifiziert wurden und noch werden, boten sie sich den tonangebenden männern dazu an, das böse, satanische in sie hineinzuprojizieren und es in ihnen zu bekämpfen.

Das ist in jedem fall ein falsches bild. Keiner frau wäre es eingefallen, sich den männern als das zu bekämpfende böse anzubieten. Besser formuliert: Es lag nahe, das böse, satanische in die frauen hineinzuprojizieren. Oder: Das führte dazu, daß das böse, satanische in die frauen hineinprojiziert wurde. Oder: So kam es dazu, daß die tonangebenden männer das böse, satanische, in die frauen hineinprojizierten. Die *tonangebenden männer* sind das subjekt, das der verfasser aus der syntaktischen ordnung des satzes verdrängt hat. Er hat aus vielen sprachlichen möglichkeiten die eine gewählt, die ein aktives schuldverhalten der frauen an ihrem eigenen massenmord ausdrückt.

Die sich selbst zur massenvernichtung anbietenden frauen lassen mich auf das unterbewußtsein des verfassers ergrimmen. Aber ich bin wie der liebe gott vor den toren von Sodom und Gomorrha. Wenn es nur einen einzigen gerechten mann gibt, dann will ich die feinde der weiblichkeit verschonen.

Der frauenfreund fährt fort: *Aber es dauerte wie gesagt noch ein jahrhundert bis der frauenhaß seine ganze gewalt entfaltete. Zuerst vernichtete, folterte und verbrannte man nur alte, häßliche frauen, sozusagen die hänsel- und gretel-hexen, und erst als reformation und renaissance fest etabliert waren, schrieb etwa der Darmstädter landgraf seinem gesandten beim Augsburger Reichstag: Da wir nun die alten nahezu erledigen und hinrichten ließen, geht es jetzt an die jungen.*

Die aussage des landgrafen ist eindeutig: Die wohlhabenden, einflußreichen witwen sind ausgeschaltet und enteignet worden. Das gerade ziel der inquisition ist erreicht, weibliche vermögensbildung und weibliche gesellschaftliche machtstellung zu verhindern. Aber die foltermaschine steht nun einmal da. Die aussage des frauenfreundes dagegen ist zweideutig: Hätte er nichts dagegen gehabt, wenn die inquisition „nur" alte, häßliche frauen liquidierte?

Man kann der auffassung sein, erst allmählich kam man zu der überzeugung, daß sich das böse gar nicht unbedingt im häßlichen, daß es sich vielmehr im schönen, begehrenswerten verberge und verkörpere. Nicht mehr die zauberei als magische praxis bedrohe das heil, sondern das verführerische, schöne, das zu feiern die kunst der zeit gründlich begonnen hatte.

Und woher weiß ich, daß es bei den hexenverfolgungen um schönheit und häßlichkeit, magie und zauberei, ja, daß es um gott und teufel gegangen ist? Weil es die inquisitoren so darstellen und weil es aus ihren opfern herausgefoltert worden ist? Gibt es für die parteigänger weiblicher rechte eine möglichkeit einzusehen, daß alles, was männer über frauen sagen, grundsätzlich in frage gestellt werden muß, auch wenn eine geprügelte frau der aussage eines anklägers zustimmt? Nein, ich glaube dem autor nicht mehr.

Überspitzt gesagt, es könnte sein, daß die hexenjagd eben die leibhaftige schönheit verbrannte, die die malerei der renaissance gerade in helles schmeichelndes licht gerückt hatte, und in der sich die realität des irdischen beispielhaft verkörperte.

Und es kann nicht sein. Denn schönheit ist die ökonomie der sorglosigkeit, und die hierarchie des frauenvolks bestand wie jede hierarchie aus wenigen oberen und vielen unteren. Die mehrheit der jungen hexen waren mitglieder von frauenzünften und weiblichen gewerkschaften. Sie waren ungepflegte arbeitsleute. Und das eben war ihr verderben. Das männervolk nahm die inquisition zum willkommenen anlaß, die konkurrenz weiblicher arbeiter und brotverdiener auszuschalten.

Mit der aufwertung des diesseitig schönen in der renaissance geriet nicht nur das jenseitsverhaftete mittelalterliche denken in eine krise, sondern auch der träger dieses denkens, der mann. Nicht, daß die männer ihren intellektuellen primat in gefahr sahen. Angesichts weiblich naturhafter diesseitigkeit war noch nicht so sehr die geistige spekulative potenz der männer, sondern ihre irdische herausgefordert.

Und das ist nun ganz und gar gelogen. Hier tut der verfasser genau das, was er Freud nachgesagt hat: daß dieser den standpunkt der hexenverfolgung prinzipiell nicht verläßt. Was die männer grundsätzlich und gezielt vernichteten, war die geistliche und geistige macht der frauen des mittelalters, die intellektualität der frauen, und was sie verschonten, das waren die frauen, die *naturhaft diesseitig* mimten, um sich das leben zu retten:

Der geschlechtsunterschied wurde in dem augenblick, da natur ein eigenrecht gewann, zum psychischen problem. Die sexualität, die im mittelalter etwas mehr oder weniger selbstverständliches gewesen war, wurde zur bedrohung. Es galt nun, die weibliche überlegenheit zu verteufeln. Die texte der hexenverfolgungsliteratur legen es nur zu nahe, daß geschlechtsneid ein grundmotiv des theoretischen wie des praktizierten frauenhasses war.

Aus einsehbaren gründen legen es die texte der hexenverfolgungsliteratur nicht nahe, daß es weibliche dichter und denker, maler und bildhauer gab, deren werke ebenfalls aus brennbarem material bestanden, genau wie die körper ihrer schöpferinnen, und daß es die frauenkultur war, die den neid der verfolger in so hohem maße erregte. Allein die Synagoge und Ekklesia am Straßburger Münster, ein werk der bildhauerin Sabina von Steinbach, widerstand dem vernichtungsfeuer der neider.

Der sprecher brüllt mit lust:

Lockspeise des satans!
Auswurf des paradieses!
Gift für die essenden!
Quelle der sünde!
Nachtkäuze!
Buhlerinnen!
Lustdirnen!
Sirenen!

Alles synonyme für „*frau*" aus der philosophischen literatur. Der gegensprecher argumentiert sachlich unterkühlt:

Und man merkte natürlich nicht, daß man sich mit solchen verteufelungen recht erfolgreich über die eigene triebhaftigkeit hinwegtäuschte, indem man sie verdrängte und in aggression und mordlust ummünzte.

Zu anfang hab ich darauf gewartet, daß aus dem chor der sprecher auch eine frauenstimme zu hören wäre. Aber es ist wie in einem gerichtsverfahren wegen lustmordes, wo die weiblichen polizisten, kriminalisten und geschworenen ausgeschlossen werden, weil man den zarten frauen nicht zumuten kann, da mitzubestimmen, wo es ihnen zugemutet wird, mitbetroffen zu sein.

Nicht von ungefähr entwickelte erst das hohe mittelalter, das in der scholastik den hexenwahn begründete, als gegenbild das jungfrauenideal der gottesmutter, die zuvor keine so erhebliche theologische und volksreligiöse rolle gespielt hatte. Die betonung der marianischen reinheit und die lustverteufelung im bild der hexe gehören kulturgeschichtlich in psychologischer notwendigkeit zusammen.

In der sprache der männer wäre ich ein hundsfott (eine hundefotze), d.h. das reine geschlechtsglied eines sensiblen wesens, wenn ich dem feind nicht die ehre ließe. An dieser stelle fühle ich mich belehrt. Ich hab mich eh schon gewundert, weshalb die weiblichkeit genau in den ländern am tiefsten erniedrigt und beleidigt wird, wo die männlichen wallfahrer ihre marienfahnen am höchsten erheben. Ich freu mich, daß ich dem verfasser danken darf.

Der sexuell freie ist nicht so gefügig in leistungsprozesse einzuspannen. Er kennt noch ein anderes glück als das des produzierens, das glück der naturhaftigkeit, nicht nur das der naturunterwerfung.

Mit dieser meinung könnte der autor ehrenmitglied in einigen frauengruppen werden, die sich darauf vorbereiten, daß hinter dem sturz der männerherrschaft das große faulenzen beginnt. Wie reut es mich, daß ich hier widersprechen muß. Die männer werden uns einen wasserlosen erdball hinterlassen, auf dem selbst die meeresoberfläche in flammen steht und alle rasenden gewalten ihrer kaputten technologie ungebändigt herumtoben. Unsere sexualität wird befreit sein, unsere körper werden uns gehören. Aber unsere zeit wird nicht uns gehören. Wir werden eingespannt sein in dem leistungsprozeß, die überreste der natur zu retten. Unangenehm.

Endlich kommt der autor auf ein zentralthema der hexenverfolgung zu sprechen, auf den monopolanspruch der männlichen ärzte und die ausrottung der weiblichen ärzte.

Der beginnende hexenwahn warf hexen und hebammen in einen topf.

Der autor tut das nicht. Er will die hebammen rehabilitieren und schiebt die hexen auf die schuldseite. Wer die verbrannten frauen rehabilitieren will, muß hexen und hebammen in einen topf werfen.

Das paradox ist fatal, eben das zeitalter, das sich bewußt der natur zuwandte, setzte alles in bewegung, um sie zu unterjochen, zum gebrauchsobjekt zu machen, zu vernichten vom hexenscheiterhaufen für das unvollkommene tier frau bis zur modernen zerstörung der menschlichen lebenswelt im zeichen organisierter produktion und wachstumsbesessener leistungssucht.

Diese stelle ist das männliche pendant zu den *sich anbietenden frauen,* indem sich hier die männer nicht anbieten. Nach dieser satzstellung gibt es keine männer, die die frauen und die natur unterjochen, zum gebrauchsobjekt machen, vernichten, sondern ein verbrecherisches subjekt namens *zeitalter* ist an allem schuld, es hat diese schandtaten vollbracht.

Der autor kommt zum schluß:
Der hexenwahn ist die radikalisierte und technokratische machenschaft einer männerwelt, die ihre eigene unvollkommenheit verdrängt, und die nicht imstande ist, vernunft und lustprinzip zu versöhnen.

Ich bin nicht die gerechtigkeit. Ich bin die parteilichkeit. Ich sehe sehr wohl, daß der autor das beste für die neun millionen verbrannten frauen gewollt hat. Aber ich kann es nicht honorieren. Mein problem ist nicht, daß die männer vernunft und lustprinzip nicht versöhnen können. Mein problem ist, daß die männer hier und heute in mir kein vernunftbegabtes lebewesen sehen. Sie verweisen mich auf die seite des lustprinzips und reduzieren mich auf mein brennbares fleisch. Der gerechte mann, der auszog, das unvollkommene tier zu retten, hat mich zum vollkommenen tier gestempelt. Meine mörder ziehen die anklage zurück. Sie sprechen mich frei und morden mich weiter.

BLUT UND BODEN UND DAS TAUSENDJÄHRIGE REICH

„Blut", das bedeutete den deutschen nationalsozialisten nicht das vergossene blut ihrer gegner, sondern die eigene erbmasse, die sie gegen die erbmasse der anderen völker und rassen durchsetzen und in die zukunft hinein erhalten wissen wollten. „Boden", das sollte der lebensraum sein, den sie zu erobern trachteten, um ihren zahllosen nachkommen ein „Tausendjähriges Reich" zu sichern. „Blut und Boden" in verbindung mit der lehre vom „Tausendjährigen Reich" war gewissermaßen die nazi-weltformel, mit der alles und jedes erklärt werden konnte. Heute denken wir bei diesen vokabeln nicht mehr an erbmasse und lebensraum, kaum noch an Auschwitz und Dachau, eher an eine rote pfütze auf dem asphalt, verkehrsunfall: 30 millionen tote.

Der welthistorische verkehrsunfall war der zusammenstoß des deutschen bürgertums mit der durch keine revolution gebrochenen tradition des deutschen adels. Stell dir den reichsten deutschen bürger vor, zum Beispiel Alfried Krupp von Bohlen und Halbach, oder den berühmtesten deutschen bürger, zum beispiel Johann Wolfgang von Goethe: in vier bis fünf generationen hat er keine leiblichen erben mehr, sein vermögen wird verschleudert, in alle winde zerstreut, sein wappenschild wird gestrichen, sein adelsbrief an andere bürgerliche emporkömmlinge verkauft, sein name steht nurmehr in büchern verzeichnet. Sein „Blut" ist verdorrt, der „Boden", den er seinen nachkommen erworben hat, enteignet, von anderen bewohnt. Das ist eine naturgesetzlichkeit, die durch die entstehung des patriarchats ausgelöst wurde.

Naturgeschichtlich ist der menschenmann ein fremder eindringling in die spezies weib, der den uterus der frauen für seine eigenfortpflanzung zweckentfremdet hat. Die frau als biologisches wesen setzt diesem fremdling einer anderen evolutionären richtung ihren widerstand entgegen. Sie hat den eisprung, der für alle menstruierenden lebewesen im menstruationszyklus erfolgen muß, aus der menstruation ausgetrieben und die zeit ihrer natürlichen fruchtbarkeit in eine zeit unfruchtbarer tage verödet.

Hätte der menschenmann nur ein oder zwei ranzzeiten im jahr wie viele andere lebewesen, wäre er längst ausgestorben. Sein sperma wird im scheidensekret der vagina abgetötet. Der menschenmann muß sein wirtstier bumsen und bumsen und bumsen, und hat er endlich einmal das ei erwischt und seinen sohn gezeugt, dann geht der mutterleib an die arbeit und beginnt selbsttätig das sohnesembryo abzutreiben. Das bewußtsein der sohnesmutter weiß nichts davon. 10% aller männlichen embryonen werden in den ersten zwei monaten nach der begattung aus dem mutterleib wieder ausgestoßen.

Was uns als der naturgegebene ausgleich der „geschlechter" in der statistik der mädchen- und knabengeburten erscheint, ist das ergebnis eines gnadenlosen kampfes zwischen weiblichem und männlichem fortpflanzungsinteresse. Der mann will aus dem uterus seines wirtstieres die sohnesgeburt heraushaben und weiter will er nichts. Trotzdem gibt es in der menschlichen gesellschaft mehr frauen als männer. Für die patriarchalischen familien bedeutet das, daß sie in wenigen generationen erlöschen müssen, weil ihnen die männlichen „stammhalter" aussterben. Allein die töchter und weiblichen nachfahren bleiben bestehen. Aber sie sind namenlos und werden an andere familien abgegeben. Sie gebären fremden familien söhne mit fremden namen, die ebenfalls über kurz oder lang vergessen sind. Dem entgegenzuwirken war es üblich, die tochtergeburten abzuschlachten. Später, in christlicher zeit, als die kindestötung verboten war, bildeten sich exklusive heiratsgruppen, die untereinander die töchter austauschten. Aus diesen heiratsgruppen entstanden der adel und die patriziergeschlechter, die sich relativ lange gehalten haben.

Auf diese weise hat das patriarchat der naturgesetzlichkeit entgegengewirkt, daß der homo sapiens als biologische erscheinungsform eine „tochtergesellschaft" ist und keine fabrik zur erzeugung von söhnen. Der brave deutsche mann hatte mit der ganzen sache gar nichts zu tun, denn er war kleinbürger und an ihn schenkten die adeligen und patrizier keine töchter weg. Alle die Schulzes und Schmidts, die Müllers und Meiers der kommenden jahrhunderte würden nicht seine enkel sein, sondern die enkel von irgend einem anderen meier, mit dem er verkracht war, vielleicht sogar die enkel von seinem jüdischen hauswirt. Das war der große schmerz eines zukunftssüchtigen Kleinen Mannes.

Das Tausendjährige Reich sollte die erhöhung des deutschen Kleinen Mannes bringen: Er würde ewig und von adel sein und mit hilfe von menschlichen zuchtstuten (und etwas anderes als zuchtstuten sind die töchter von adelsgruppen nicht) der ahn unsterblicher söhne und enkel werden. Die grotesken einzelheiten der nazipropaganda täuschen darüber hinweg, daß die ideologen des Dritten Reiches ihren Darwin genau studiert hatten. Ein lebewesen muß nachkommen haben und diese nachkommen müssen einen lebensraum besetzt halten. Die evolution ist unerbittlich.

Es gibt kein streben in die zukunft ohne verwurzelung in der vergangenheit, gleichgültig, wie kurios die historischen fakten manipuliert werden. Rund um den geistigen horizont der deutschen bürger bildete sich ein tapetenmuster zwanghafter ideologie-formeln. Archäologie, germanistik und latein-unterricht lieferten den germanischen stammbaum. Mit hilfe der theorie von der indo-europäischen sprachfamilie konnte er seine wurzeln bis nach Persien und Indien ausstrecken. Die deutschen sagten sich von ihrem mitbürger Moses Mendelssohn los und wurden „arier". Und da war ja dann das „Tausendjährige Reich" das allernächste stammlokal.

Die lehre vom Tausendjährigen Reich ist persischen ursprungs, ist entlehnt aus der religion der iranischen arier und wurde von den jüdischen propheten ins Alte Testament übernommen. Es ist der mythos vom kampf des lichts gegen die finsternis. Die lichten götter kämpfen gegen die dunklen götter. Alle geschöpfe der welt sind in diesen kampf mit einbezogen. Am ende des kampfes erscheint der Messias, er führt die guten kräfte des lichts zum sieg und gründet das tausend jahre währende reich des friedens und der gerechtigkeit, wobei tausend jahre soviel wie ewigkeit bedeuten.

Dem menschen (dem mann!) kommt in dieser lehre eine besondere bedeutung zu, denn er allein von allen geschöpfen hat die freiheit der entscheidung, ob er an der seite der guten kräfte oder an der seite der bösen kräfte in den kampf eingreifen will. Von der frau oder den frauen ist in diesem zusammenhang nicht die rede, und der freimaurer Mozart erscheint fast als ein frauenrechtler, wenn er in der Zauberflöte das weibliche element aus der tiefe der mütterlichen nacht emporhebt und ihm die möglichkeit gibt, in diesem kampf mitzustreben. Die frau hat eine chance, auf der richtigen seite der welt zu erscheinen, wenn sie nämlich den richtigen mann findet. Wenn nicht, dann hat sie eben pech gehabt. Denn die frau kann eben zwischen gut und böse nicht unterscheiden, sowenig wie die tiere, nur daß eben die tiere schuldlos sind, während die frau die schuldige ist und zur partei des nächlichen bösen gehört.

Die frau, die nicht durch den mann erlöst ist, wird auf die dunkle seite des schlachtfeldes verwiesen, wo sie nach göttlichem ratschluß den krieg zu verlieren hat. Das, was in unserm jahrhundert die psychologie, die soziologie, die biologie und das fernsehen vollbringen, das vollbrachte einst die mythologie. Sie reicht von den australnegern, griechen, chinesen bis zu Gotthold Ephraim Lessing und Wolfgang Amadeus Mozart und wird dann „Aufklärung" genannt.

Mythologie hat zwei gesichter. Das dem mann zugewandte gesicht spricht ihm mut und kraft zu, die als feindlich gedachten weiber und die als weiblich gedachten feindlichen götter zu bekämpfen und zu überwinden. Das dem weib zugewandte gesicht liefert ihr die formel: Du hast nichts, du bist nichts, es sei denn durch IHN. Alle mythologie, religion, biologie, psychologie, soziologie und fernsehwerbung werfen die frau auf die kernfrage ihres daseins zurück: „Wie bekomme ich einen gnädigen mann?"

Die grauenvollste verwüstung des weiblichen selbstverständnisses wird durch die verquickung von irrlehre und moral vollbracht. Der verlierer ist immer und an allem schuld. Die frau ist immer und an allem schuld, denn sie ist der vorausbestimmte verlierer. Bis auf den heutigen tag gibt es keine frau, die so frei sein kann, daß sie nicht vor der beiläufigen bemerkung: „Da bist du selber schuld", sofort die waffen streckt und sich in ihr schicksal ergibt. Alles ungemach, das sie frau trifft, muß sie ertragen, denn sie hat eine schuld abzubüßen. Durch den begriffsverhau von Schuld – Niederlage – Finsternis – Bosheit – Weiblichkeit kann sich keine frau unverwundet hindurchwinden. Der in der mythologie gefeierte sieg des mannes über die frau ist in personalunion der sieg des guten prinzips über das böse prinzip. Wenn ich sage „Licht!", dann empfinde ich meine aussage als positiv. Wenn ich sage „Finsternis!", dann empfinde ich meine aussage als negativ. Wobei die frage, warum eigentlich positiv etwas positives und negativ etwas negatives bedeutet, beiseite bleiben muß, damit ich nicht den verstand verliere.

Ich kann mir klarmachen, daß ich ein wanderer in der wüste bin, und daß das leuchtende licht eine mörderische verderbnis ist und daß die nächtliche finsternis mir als lebensretterin kommen wird. Aber ich kann es nach dem sprachgebrauch mir „klar machen", ich kann es mir nicht „dunkel machen". Anschließend brauche ich nicht mehr zu „erhellen", warum die nazis behaupten konnten, was immer sie wollten, es „erschien" selbst ihren opfern so stimmig, daß sie bis in den tod hinein resignierten. Nicht allein den mördern, sondern auch den opfern „leuchtete" es ein, daß im vergleich mit dem hellhaarigen „Deutschen" der dunkelhaarige „Jude" einen wesentlich weiblichen charkter hatte und daß die deutsche volksmasse, die bei allem jubel ihrem führer nicht ganz folgen konnte, nach des führers ausspruch EIN WEIB sei. Wenn dann die Gestapo an der tür eines staatsfeindes klingelte, hatte sie nicht nur das recht des männlichen mannes über einen weibischen mann. Die moralischen denkformeln waren auf ihrer seite.

Die lehre vom Tausendjährigen Reich ist die irrlehre von jahrtausenden. Die nazis haben den ruhm für sich, diese lehre in die modernen naturwissenschaften hineinverknotet zu haben. Mit dem begriff „Blut und Boden" wird der mythos vom kampf des lichts gegen die finsternis zu einem teil der modernen biogenetik. Den aufguß des blut-und-boden-darwinismus bekommen wir heute als psycho-sozio-bio-genetik übergekübelt und werden als letzte neuigkeit darüber belehrt, daß alle „menschen" die freie entscheidung über ihr tun und lassen haben, allein wir frauen haben diese entscheidung nicht. Genetisch sind wir als untergebene gefährtin des mannes determiniert, biologisch sind wir durch unsere hormone dazu bestimmt, dick und dämlich zu werden, soziologisch unterstehen wir den klassenkampfgesetzlichkeiten der männergesellschaft als nebenwiderspruch und psychologisch empfinden wir uns als kastrierte männer.

An dieser stelle müßte meine widerlegung der irrlehre vom Tausendjährigen Reich beginnen. ich müßte nachweisen, daß die finsternis dem licht gleichberechtigt ist, daß unsere weibliche bosheit von der männlichen großmut emanzipiert werden muß, daß die männer sich irren, wenn sie ihren fleischzipfel als das gute prinzip verehren und uns unrecht tun, wenn sie unsere mösen als das böse prinzip bis in den bumsakt hinein bekämpfen. Stattdessen starre ich gedankenlos in die tagesschau und höre und sehe, wie sinnlose männer sinnlos plappern. Zaundürre spinner und zeckenfeiste oger und immer die herren der schöpfung und ich erwäge, wenn alle diese männer sich umdrehten und nicht ihre gesichter, sondern ihren hintern in die röhre hielten, ob nicht dann vielleicht die welt zu retten sei. Ein blitz durchschlägt die tausendjährige gehirnwäsche, die meine großhirnrinde „weiß"gewaschen hat: Wie kann ein lebewesen von solchem fehlverhalten wie der menschenmann in der evolution überhaupt vorhanden sein?

Was kein logischer denkakt mir bescheren kann, erkenne ich im blitzdunklen anlauf: Daß der menschenmann bekämpfbar und besiegbar ist. Tatsächlich reicht der intelligenzquotient des menschenmannes gar nicht mehr dazu aus, daß sich dieses lebewesen in der evolution erhalten kann. Das bedeutet nicht, daß ich die männer für ganz dumm verkaufen will. Aber selbst, wenn 2 milliarden männer nicht am rande des schwachsinns entlangtaumelten, sondern allesamt den intelligenzquotienten von Albert Einstein hätten, sie könnten es nicht mehr schaffen, in dieser welt überlebensfähig zu sein.

Die nächsten hundert jahre bringen den ausstieg des klassischen homo sapiens aus der evolution. Vom „aufbruch ins dritte jahrtausend" ist nicht mehr die rede. Das dritte jahrtausend, falls es überhaupt noch gezählt wird, findet ohne den menschenmann statt. Und die lehre vom Tausendjährigen Reich ist einfach damit widerlegt, daß das gute, das lichte, das positive prinzip dieser lehre, das sich im menschenmann verkörpert sah, in der naturgeschichte keinen platz mehr hat.

LEBENSLAUF EINES VATERS

Am anfang ist da ein mädchen. Es erblüht zu einer wunderschönen jungfrau. Leidenschaftslos gesagt, es kommt in die pubertät und entwickelt sich zu einem bartlosen, penislosen bauch- und busenwesen. Und die männer beginnen, hinter diesem wesen herzupfeifen.

Ein mädchen, eine frau.

Dann tritt ein anderes geschöpf auf den plan. Es ist von kopf bis fuß mit einem schütteren pelz bewachsen. Sein gesicht ist behaart. Seine brust ist platt mit aufgesetzten brustwarzen. In einer seiner vier hände hält es einen blumenstrauß. Die frau nimmt den blumenstrauß entgegen.

Ein mädchen, eine frau und nun eine braut.

Theoretisch ist es möglich, daß ein biologisches männchen der spezies weib mit einem biologischen weibchen der spezies mann verheiratet wird. Aber für unsere geschichte reicht es aus, daß unsere braut aus der masse der ihr zur verfügung stehenden neandertaler ein biologisches männchen erwischt hat, einen chromosom-männlichen spermienträger. Da unsere braut eine chromosom-weibliche spermienträgerin ist, schreiten zwei spermienträger zum traualtar und besteigen das brautbett.

Ein mädchen, eine frau, eine braut und nun eine gattin.

Nach dem familienrecht ist alles in ordnung. Aber kein segen der kirche und kein schutz des gesetzes wird in diese ehe nachkommen stiften. In der guten,alten zeit nahm sich der gatte eine konkubine, oder wenn er sich zwar nach der gesellschaftlichen regel als mann fühlen durfte, aber wußte, daß er es im bett nicht war, adoptierte er sich einen sohn. Gegenwärtig gibt es dieses problem nicht. Die jungen leute zahlen ihre raten ab, und gelegentlich fragt der mann enerviert: „Sag mal, nimmst du nicht die pille?" Der popstar zwitschert: „Jede frau hat ein kleines geheimnis –" Das geheimnis der frau ist, daß sie noch nie in ihrem leben eine regelblutung gehabt hat. Vielleicht ist sie nicht normal.

Ein mädchen, eine frau, eine braut, eine gattin und vielleicht nicht normal.

Dann will der mann auf einmal doch einen sohn zeugen. Die frau muß einen gynäkologen aufsuchen, wovor ihr graut. Ihre schlimmsten befürchtungen werden übertroffen: Der arzt verlangt ihren gatten zu sprechen. Ein vieraugengespräch von mann zu mann. Der gatte ist verstört. Er kannte alle filme, in denen kumpels in der lederhose jucken und jodeln und bekommt regelmäßig die neutralen postwurfsendungen des beate-uhse-versandhauses, und nun ist er bei seiner eigenen gemahlin in den falschen eingang eingestiegen. Ein chirurg wird hinzugezogen. Er veranstaltet eine schönheitsoperation. Er baut der frau eine echte möse. Aber dahinter ist kein uterus und das ist ein scheidungsgrund.

Ein mädchen, eine frau, eine braut, eine gattin, eine nicht normale und nun eine geschiedene frau.

Die geschiedene frau beginnt zu saufen und wird in eine anstalt eingeliefert.

Ein mädchen, eine frau, eine braut, eine gattin, eine nicht normale, eine geschiedene, eine trinkerin und nun eine irre.

In der anstalt dient sie zu versuchen, zu denen in anderen wissenschaftlichen institutionen tiere dienen, und da sie überdies gesund ist, darf sie mit den drähten, die ihr aus dem kopf hängen und den schläuchen, die sich um ihren körper schlängeln, viel im garten spazieren gehen und fühlt sich trotz allem recht wohl. Dann wird im verlauf irgend eines quasi-tierversuchs an ihr ein spermientest gemacht und wir wissen schon, er verläuft positiv. Sie ist ein „echter hermaphrodit".

Ein mädchen, eine frau, eine braut, eine gattin, eine nicht normale, eine geschieden , eine trinkerin, eine irre und nun ein echter hermaphrodit.

Das ist ein fachwissenschaftlicher begriff, und die fachmänner haben die heldin dieser geschichte wieder unter dach und fach gebracht. Sie ist in die gesellschaft einordnungsfähig und wird als geheilt entlassen. Wie alle menschen mit problemen schmökert sie gern in sexualwissenschaftlichen traktaten. Ihr problem ist, daß sie ihren körper als einen weiblichen körper empfindet. Sie liebt diesen körper. Sie liebt weibliche körper, und wenn es nach ihrem willen gegangen wäre, hätte sie nie einen männlichen körper angefaßt. Aber jetzt geht es doch nach ihrem willen und es geht in die subkultur. Sie prahlt gleich damit, daß sie ein echter hermaphrodit ist. In kürzester frist sitzt sie allein am tisch, denn lesbierinnen mögen frauen und sonst nichts. In der nächsten kneipe ist sie klüger. Sie hält einfach den mund und bekommt eine freundin. Nun ist sie lesbisch.

Ein mädchen, eine frau, eine braut, eine gattin, eine nicht normale, eine geschiedene, eine trinkerin, eine irre, ein echter hermaphrodit und nun eine lesbe.

An den felswänden der altsteinzeit kannst du das bilderrätsel lösen, warum sich die großen steinzeitjägerinnen von Altamira und Lascaux so ganz ohne mann fortgepflanzt haben und warum sich heute frauen nur noch selten in ihrer eigenen spezies fortpflanzen: Weil die weibliche spezies ihre paarungsrituale verlernt hat, und die papa-mama-nachahmung bringt es nicht. Auch nicht die extras der sexuellen revolution. Es muß schon ein wahnsinniger zufall eintreten, und weil die beiden sich so wahnsinnig lieben und nichts auslassen, sich zu lieben, tritt dieser zufall ein. Die geliebte ist eine reinrassige lesbe, wie man so sagt. Noch nie ist ein mann über sie hinweggestiegen und plötzlich soll sie schwanger sein? Der arzt will ihre partnerin kennenlernen. Er will mit ihr sprechen. Unter vier augen bitte. Ein solches vieraugengespräch ist immer ein gespräch von mann zu mann. Und so sagt denn der arzt: „Hören Sie mal, Sie sind doch keine lesbierin. Sie haben ein kind gezeugt, Sie sind ein mann."

Ein mädchen, eine frau, eine braut, eine gattin, eine nicht normale, eine geschiedene, eine trinkerin, eine irre, ein echter hermaphrodit, eine lesbe und nun ein mann.

Die heldin unserer geschichte hat soviel durchgemacht, und sie besinnt sich darauf, daß sie einst als mädchen eigentlich viel lieber ein junge gewesen wäre, und die freundin sagt: „Du, dann können wir heiraten." Das ist ihr erster gedanke. Und der arzt drängelt, er setzt allen ehrgeiz daran, die weltordnung wieder herzustellen. Und die bürokratie kennt sich selbst nicht mehr. Sie rollt wie auf geölten rädern. Unsere heldin fühlt sich von allen seiten überfahren. Nur eine kleinigkeit. In den papieren muß drinstehen: geschlecht männlich. Sie muß einen männlichen vornamen bekommen. Geschenkt! Aber der name muß stimmen, wenn die hose fällt. Es muß ihr ein penis anmontiert werden. Sie muß in eine operation einwilligen. Sie will nicht.

Ein mädchen, eine frau, eine braut, eine gattin, eine nicht normale, eine geschiedene, eine trinkerin, eine irre, ein echter hermaphrodit, eine lesbe, ein mann und nun auch noch ein schwanz?

Das geht zu weit. Die geliebte fleht: „Ja, glaubst du, ich würde dich weniger lieben, wenn da plötzlich so eine arme wursthaut an dir bammelt? Die ist mir egal, die binden wir einfach weg. Und vergiß nicht, wir werden verheiratet sein. Wir werden sein wie alle menschen." Das gilt, und der chirurg kann wieder einmal umbauen. Er reißt die schönheitsoperation seines vorgängers ein. Aus der wade wird ein batzen fleisch herausgeschlachtet und zwischen die schenkel genäht. Das gibt ein unschönes bein und einen häßlichen schoß. Aber die liebe höret nimmer auf, die trauung ist kirchlich und standesamtlich. Dann kann das kind geboren werden. Es ist in jedem fall ein mädchen, denn es stammt aus weib-weiblicher fortpflanzung. Eine legitime sprossin am baum der weiblichen menschheit. Allein die eltern sind auf die andere seite übergewechselt. Sie sind in die ordnung der männlichen menschheit eingegangen.

Ein mädchen, eine frau, eine braut, eine gattin, eine nicht normale, eine geschiedene, eine trinkerin, eine irre, ein echter hermaphrodit, eine lesbe, ein mann, ein schwanz und nun ein vater.

THEWELEIT-PHANTASIEN

Das wort „faschist" ist zweideutig. Es kann eine gegenseitige übereinkunft bedeuten, indem mitglieder von faschistischen gruppen sich so nennen und von ihren gegnern so genannt werden. Es kann aber auch einen einseitigen beziehungsabbruch ankündigen. „Du faschist!" das heißt nach dem gedankenlosen sprachgebrauch: Ich lehne deine ansichten ab, aber mir fallen im augenblick keine gegenargumente ein, daher beende ich das gespräch.

Zur inflation des faschismus-begriffs gehört, daß auch personen und ereignisse der vergangenheit als faschistisch bezeichnet werden können. Stalin und kaiser Wilhelm waren faschisten, und in Grimms Märchen finden sich faschistische tendenzen. Wenn Klaus Theweleit in seinem zweibändigen werk „Männerphantasien" die freikorps, die gegen ende des ersten weltkrieges entstanden, faschistisch nennt, wird auf grund von gegenseitiger übereinkunft, kein freikorps-angehöriger widersprochen haben. Aber ausgehend von den „männerphantasien" dieser soldaten reißt der autor eine falltür der geschichte auf, die ins bodenlose führt. Was ist denn eigentlich nicht faschistisch?

Zu anfang des ersten bandes gibt es eine indianerreservation für die nicht-faschistischen arbeitermänner der Weimarer Republik. Allein die kritik des autors bemerkt alsbald, daß linke männer genau so phantasieren wie rechte männer. Bleibt übrig die holde weiblichkeit. nach Theweleit sind frauen die einzigen nichtfaschistischen geschöpfe. Das macht mich fassungslos, denn in den quellen, die der autor fließen läßt, rauscht schmerzhaft deutlich mein eigenes verschwiegenes innenleben mit.

Als ich die 1125 seiten hinter mir hatte, lebte ich in der emotion, daß ich in meinem früheren leben ein freikorps-offizier gewesen bin und daß mein kühles grab im baltikum zu finden ist, denn das, was der autor als männerphantasien ortet, das erhabene gefühl, mit einem maschinengewehr einen platz leerzufegen (II, 312), ist mir nicht fremd (in der phantasie). Historische ereignisse belehren mich darüber , daß ich kein monstrum bin, daß andere frauen genau so träumen und sogar nach ihren träumen handeln. Theweleit könnte die zweite auflage seines werkes getrost „frauenphantasien" nennen. Das wäre dann die gleichberechtigung, die einzige, die er den frauen eingeräumt hätte.

Jeder harte griff in diese ideologie-knete wurde bisher zurückgeschlagen mit dem argument: Das könnt ihr doch Theweleit nicht anlasten, das sind doch seine quellen. Diese quellen werde ich Theweleit nicht anlasten. Ich werde sie umgehen und einzig Theweleit zitieren.

Der autor hält sich nicht lange bei den soldaten auf. Er erscheint als tourist in den arbeiterquartieren der Weimarer Republik und findet die dreisterne-sehenswürdigkeit der proletarischen freien liebe. Er besichtigt die gegend:

Diese da lachen, lieben sich und leiden kein bißchen (jedenfalls nicht daran). I, 169

Plötzlich erwacht der autor aus seinen phantasien und vermutet, daß beim proletariat gerade „daran" gelitten wird. Er nennt sein erwachungserlebnis

Projektionen helfen nicht gegen Projektionen I, 177, und stellt ernüchtert fest:

Wohnungsenge, Hunger, von der Hausarbeit wie von der Grubenarbeit zerschlagene Glieder, Müdigkeit, Apathie, Krankheit oder Alkoholismus sind sehr schlechte Liebeshelfer. I,182

Fehlen die kaputtgebumsten mösen, die vaginaprothesen, die es dem gatten und dem schlafburschen ermöglichen, von ihrem gatten- und schlafburschenrecht weiterhin gebrauch zu machen, fehlen die glotzäugigen, nasebohrenden kinder, die plärren, weil sie glauben, mutti werde heute schon zum zweiten mal ermordet.

Mag auch Zuneigung und Sympathie, die Lust an der Lust, im Spiel gewesen sein, so doch wahrscheinlich häufiger das unbeteiligte, oft auch brutale oder sogar verzweifelte Greifen nach dem Fleisch eines anderen Menschen, um etwas Lebendiges zu spüren. I,184

Ich theweleitisiere: Die arbeiterfrau ist kurz nach dem weckerklingeln von ihrem bergmann noch schnell gefickt worden, hat ihm sein frühstück und die kaffeeflasche eingepackt und ist nochmal ins warme bett zurückgekrochen. Da kommt der schlafbursche von der nachtschicht. Die unbeteiligte frau, die lange nichts lebendiges mehr gespürt hat und darüber verzweifelt ist, greift, brutal wie frauen nun einmal sind, nach dem fleisch des schlafburschen. Nach dem deutschen sprachgebrauch ist das wort „mensch" ein synonym für mann. Nur ausnahmsweise, im abwertenden sinn und mit sächlichem artikel versehen, kann es auch frau bedeuten: das mensch, das frauensmensch. Theweleit hat nicht klar herausbekommen, welches „mensch" da in seiner eigenen phantasie da zur sau gemacht wurde:

Es braucht nicht viel Phantasie, sich vorzustellen, wie

fast jede Reaktion der Arbeiterfrauen auf die aufgereckte Deutschheit dieser Militärmänner für deren Eigengefühl auf eine umfassende Erniedrigung ihres eigenen Verständnisses von Männlichkeit hinauslief ,auch wenn die Frauen sie nicht gleich auslachten. Und diese Kerle standen jetzt auf der Straße mit Gewehren und Kanonen herum und wollten dem Proletariat die richtige Art zu leben beibringen. Männeratrappen waren das, Zinnsoldaten. Zackig, unreif und ohne jeden Schimmer von den Problemen einer Industriebevölkerung. Wie sollten die an einen Arbeitermann heranreichen, der sich damit abrackerte, seine Leute satt zu kriegen und die Lebens- und Arbeitsbedingungen im Revier zu verbessern. I, 189

Das ist eine vom autor selbst autorisierte Theweleitphantasie. Wie bei allen linken phantasien spielt geld keine rolle. Das geld befand sich in den taschen der soldaten. Die arbeitermänner konnten es ganz leicht bekommen, sie mußten ihre „alte" für eine stunde an die „männeratrappen" und „zinnsoldaten" vermieten. Wenn die arbeiterfrauen dann noch lust auf proletarische solidarität verspürten, haben es ihnen die arbeitermänner nicht gedankt. Denn bis auf den heutigen tag wird kein arbeiter einen anderen „umfassend erniedrigen", indem er ihn: Du soldat! oder Du kapitalist! schimpft. Er sagt einfach: Du weib.

Das generalthema des buches: weiberangst der „weißen" soldaten und mannesmut der „roten" revolutionäre kommt zur

Entladung. I, 192

Den proletarierinnen genügen die gatten und schlafburschen nicht. Sie dürsten nach dem schlenz der soldaten.

Denn als logisch erschiene es doch, wenn die Soldaten, die sexuelle Erregung, die von den roten Schwestern ausgeht, konstatierend ausrufen würden: die vergewaltigen wir jetzt. I, 197

Langsam wird mir klar, was mich vom autor trennt, sind nicht die wogen meiner weiblichkeit, sondern das historische speicherbewußtsein. Es signalisiert mir: Freikorpsleute haben männer erschossen und frauen weitgehend verschont. Und das finde ich erträglich. Es signalisiert dem autor: Rote revolutionäre haben frauen vergewohltätigt und linke intellektuelle weitgehend verschont. Und das findet Theweleit erträglich. Ein Frl. Schober hat seinerzeit die frauen und mädchen aufgerufen, ihre männlichen anverwandten für die freikorps zu werben. Theweleit „konstatiert":

Die Bereitwilligkeit, mit der „Männer, Brüder und Verlobte" hier in den Bürgerkrieg zur Bewahrung der sexuellen Unversehrtheit ihrer Frauen geschickt werden, ist gar zu groß, als daß sie nicht eine erhebliche Aggression gegen die Männer enthielte. Die Angst der Schober, kommunistische Männer könnten ihr weißes Linnen beflecken, ist unschwer zu entziffern, als der verbotene Wunsch danach. I, 197

Der große gelehrte, der welt- und liebesverbesserer, der mann guten willens wird ganz gewöhnlich und meint mit männlicher häme: „Ha, das möchtest du wohl, Lieschen."

Bei Theweleit gibt es eine alibifrau, die gleichberechtigt mitphantasieren darf. Elaine Morgan mit ihrem buch „Der Mythos vom schwachen Geschlecht". Sie phantasiert: Der mensch, d.h. der homo sapiens, ist ein mischling aus primateneigenschaften und den eigenschaften von meeressäugern. In der anatomie des mannes häufen sich die primateneigenschaften, in der anatomie der frau treten die merkmale des meeressäugetieres stärker hervor. Mann und weib und weib und mann gehören zwei völlig verschidenen tierordnungen an. Da ist denn in der sexualität einiges schief gelaufen. Sie sagt, was Theweleit unter verwendung ihrer eigenen worte umschreibt:

Wie zum teufel hat die menschliche Spezies so einen einfachen und unkomplizierten Prozeß verlieren, verlegen und/oder völlig verpfuschen können?", fragt sie. Die Weibchen waren, so schließt sie, keineswegs bereit, die Männchen von vorn *(im urtext kursiv) zu empfangen; im Gegenteil: aller Erfahrung nach könnte eine solche Annäherung nur zum Ziel haben, „ihnen die Eingeweide herauszureißen". Sie wehrten sich, das Männchen ließ nicht locker, warf das Weibchen zu Boden, das Weibchen in Todesangst signalisierte ihre Unterwerfung, und beim Anblick ihrer Demutsgeste ließ das Männchen von ihr ab: „Es war ihm unmöglich, weiter auf ein Mitglied der eigenen Art einzuprügeln, das ihm deutlich zu verstehen gab, daß es sich nicht mehr wehrte.* I,369

Elaine ist vor jahrmillionen am strande von ostafrika nicht dabeigewesen. Wie jede anständige frau, die bei sowas nicht dabeigewesen ist, vermutet sie, daß es so schlimm nicht gewesen sein kann und daß die frauen ja selber schuld und die männer eben arme schweine sind. Da kommt Theweleit des weges, und genau da zackelt er seine harpune in die meermaid.

Lange hat er gezielt, um seine *lustvollen mannweiblichen Produktionsverhältnisse* (I,384) ins visier zu bekommen. Auf seite I,137 waren es drei ironische punkte *ehe sie der Mongole . . .* Auf seite 197 wurden die gehemmten soldaten gegen die „roten schwestern" aufgeboten, *die vergewaltigen wir jetzt.* Und Frl. Schober, die sich noch eine halbe seite lang ziert, wird gehämt: *der verbotene Wunsch danach.* Aber auf seite 369 ist die frau vernünftig geworden und sieht ein, daß die natur es so gewollt hat.

Theweleit empfiehlt denn auch den frauen, sich mit väterchen Freud wieder auszusöhnen.

Nicht unbedingt recht haben sie, den ganzen Freud dafür auf den Müll zu werfen, I, 247

mit dem er allerdings von mann zu mann einiges abzurechnen hat. Denn mit den freudschen harten bandagen kannst du die weiblichkeit nicht mehr herunterboxen. Du mußt sie auf der weichen welle der partnerschaft zurückschwemmen in den griff des lebewesens, das sich ohne selbsterniedrigung als „männchen" fühlen kann.

Der autor schaut kontrollierend in die frauenbewegung hinein, ob sie auch fleißig daran arbeitet, die webfehler des mannes auszubessern.

Aber leider „geben" die Männer auch: ihre Sprache, die ganze tödliche begrifflichkeit der Höhe/Tiefe, das Außen/Innen, des Subjekt/Objekt-Gegensatzes, so daß oft genug die Versuche von Frauen, „selbst" zu werden, sich in der Sprache der Männermacht äußern. „Standpunkte" werden vertreten, „Autonomie" wird angestrebt, „mit sich eins sein" statt mit sich viel sein und all die Wendungen, die auf der Abstraktion des Phallus basieren, der autonom im Standpunkt steht. II, 68

Nach einer überparteilichen männerphantasie, die Theweleit mit den faschisten teilt, sind frauen langliegend-fließende wesen, die von seinem standpunkt aus keinen standpunkt haben können, weil sie nicht auf eigenen zwei füßen stehen sollten. Auch die autonomie mißfällt ihm gleich zweimal.

Elaine Morgans Aufforderung, 'kommt nur ins Wasser, es ist schön warm', müßte zunächst den eigenen Gewässern gelten. Sich auf sich selbst einzulassen . . . (eine der Forderungen der Frauenbewegung). II,308

Emanzipation als badeanstalt. Getrennte umkleideräume und brausekabinen, und dann, wenn wir gecleant sind, hinein ins gemeinschaftliche swimmingpool. Gegen warmes wasser hilft vielleicht ein kalter guß: Es gibt chromosom-weibliche spermienträgerinnen. Frauen sind kein geschlecht, sondern eine spezies (und männer auch). Damit erledigen sich männerphantasien über eine geschlechtspartnerschaft in und außer dem swimming-pool. Denn frauen brauchen, um sich in der evolution zu erhalten, den menschenmann nicht einmal als eingefrorenen überrest in samenbanken.

Als zweites erledigen sich die homosexualitätsphantasien des II. bandes. Die eigentümlichkeit des klassischen homo sapiens besteht darin, daß er eine paarungsgemeinschaft aus zwei völlig verschiedenen hominidenstämmen darstellt. Ein homosexueller ist einfach ein glied der homo-sapiens-formation, das gegen ein anderes glied dieser formation die biologische artschranke verteidigt und nicht eine sodomitische überkreuz-begattung zwischen zwei spezies eingeht. Entgegen dem sprachgebrauch, nach dem homosexualität als sodomie bezeichnet wird, ist der homosexuelle ein nicht-sodomit. Er bleibt innerhalb seiner spezies.

Als drittes erledigt sich die emanzipation des mannes. Der menschenmann hat aus seiner spezies den uterusträger verloren. Der chromosom-männliche uterusträger ist im turner-syndrom verkümmert. Der menschenmann muß eine artschranke durchbrechen und muß den uterus eines wirtstieres besetzen. Selbst wenn die weibliche spezies so allgemein resistent gegen den mann würde, daß der mann auf eine andere wirtsspezies umsteigen und durch den uterus von schimpansen und delphinen neue interessante genetische formen bilden müßte, es bliebe immer ein „partner", der, seiner eigenen spezies zweckentfremdet, in die „partnerschaft" gezwungen einwilligte.

Jemanden dazu bringen, gegen seine Interessen zu handeln und ihn lautstark versichern zu lassen, eben das sei genau sein Wunsch. II,338

Das ist Theweleits definition des faschistischen erziehungsprinzips zwischen männern. Da das thema des autors nicht unmittelbar die frau ist, der weibliche homo sapiens, kommt er nicht dazu, diese definition als das erziehungsprinzip des mannes gegen die frau zu begreifen und begreift seine eigene unternehmung nicht, die eben darauf hinausläuft, unbrauchbar gewordene vokabeln auszuscheiden und neue vokabeln in die köpfe von männern und frauen einzuprägen, damit die partnerschaft irgendwie weitergehen kann.

Und was sollte denn der autor anders tun? Er muß die autonomie der frauengruppen bekämpfen, muß seinen fuß in die tür der frauenbewegung stellen, denn 100 frauen „mutterseelenallein" ohne mann in einem raum versammelt, das ist bereits der konkurrenz-homo-sapiens, der sich einige chancen ausrechnen kann, die reste des klassischen homo sapiens auf die Galapagos Inseln zu vertreiben.

Es gibt im I. band eine ausdeutung der jekyll-tragödie: *Dr. Jekyll ist der vielversprechende junge Wissenschaftler, der im Begriff ist, seine riskanten Experimente durch die Liebesheirat mit der Tochter eines Generals endgültig bei den Jugendsünden zu lassen, aber Mr. Hyde (. . .) der er doch werden muß, da die gesellschaftliche konvention, die als erlösend gedachte Vereinigung mit der Geliebten* zu lange *(im urtext kursiv) hinausschiebt, Mr. Hyde überläßt sich dem inneren Strom, der ihn töten wird.* I,333

Tatsächlich war R.L. Stevenson, der verfasser der novelle von „Dr. Jekyll und Mr. Hyde" homosexuell und hat in leicht durchschaubaren metaphern das grauenhafte schicksal einer solchen schwulen doppelexistenz dargestellt. Ein autor, der die probleme der männlichen homosexuellen nicht gerade mit löffeln gefressen hat, schreibt ein zweibändiges werk über homosexuelle faschistische männerbünde.

Drei typen hab ich gerne: einen heterosexuellen, der über die homosexualität phantasiert, einen mann guten willens, der den frauen zur emanzipation verhelfen will, und einen linken professor, der über die menschlichkeit und nächstenliebe der proletarier doziert. Und Theweleit ist alle drei.

DIE ZEIT DER WEIBLICHKEIT

Die spanische zentralgewalt wurde von Isabella von Kastilien gegründet. –

Die französische zentralgewalt wurde von Katharina von Medici gegründet. –

Die englische zentralgewalt wurde von Elisabeth I. gegründet. –

Die schwedische zentralgewalt wurde von königin Christine gegründet. –

Die russische zentralgewalt wurde von zarin Elisabeth gegründet. –

Allein im Heiligen Römischen Reich deutscher Nation galt das Salische Gesetz, das verbot, daß frauen souveräne herscherinnen sein durften. Folglich bildete sich in Deutschland und Italien keine zentralgewalt heraus außer den späten und schwächlichen nachahmungen eines „geeinten" Deutschland und Italien.

Frauen schufen die politische machtform, die unter dem begriff der „nation" bis zum heutigen tag die zwingenste kraft der weltgeschichte geblieben ist. Alles, was sich dem begriff der nation entgegenstellt, muß scheitern. Religiöse sektierer, kommunistische revolutionäre, freiheitskämpfer der dritten welt, sie alle haben „dran glauben müssen". Entweder sind sie nationalhelden neuentstandener nationen geworden oder ihre namen wurden aus den geschichtsbüchern gelöscht.

Wenn frauen nicht sorgsamer mit ihrem geistigen erbe umgehen, wird auch die frauenbewegung dran glauben müssen. Dann wird Hedwig Dohm als „große Deutsche", Flora Tristan als „große Französin", Emmeline

Pankhurst als „große Engländerin", Susan B. Anthony als „große Amerikanerin" in die männergesellschaft eingemeindet werden. Ganz ohne zweifel sind alle diese frauen auch große frauen ihrer „nation" gewesen. Aber, wenn wir das zulassen, daß dies der oberbegriff ihrer einordnung wird, dann wird die frauenbewegung in nationale kongresse auseinandergesprengt werden. Die männer haben ein sprichwort: „Ein großer mann ist ein großes unglück für sein volk." Für die herscherinnen, die ich eingangs aufgezählt habe, gilt ähnliches. Diese frauen waren ein großes unglück für das volk der frauen.

Männer helfen männern und frauen helfen männern und frauen in der frauenbewegung versuchen, den männern gerecht zu werden. So hörte ich eine feministin sagen: Es habe doch auch frauen gegeben, die ihrerseits über männer geherrscht, sie unterdrückt und ausgebeutet habe. „Zum beispiel Elisabeth I. von England und Katharina die Große von Rußland." Wenn wir nicht achtgeben, klaut uns der gegner die steine vom brett und spielt mit unseren steinen sein spiel. Klassenkampf in ehren! Aber jede frau sollte ein unmittelbares gefühl des stolzes haben, wenn die namen dieser herrscherinnen aufgezählt werden: Daß frauen dies geleistet haben! Und nicht, daß diese frauen der ausbeuterklasse zuzurechnen sind, und auch nicht, daß sie mit der auswirkung ihres werkes uns heute hinderlich sind.

Mit der französischen revolution verschwinden die frauen aus der geschichte, jedenfalls soweit sie die throne besetzt hielten, die männer ihnen gelegentlich überließen. Ab dem 19. jahrhundert gibt es mit der ausnahme der Queen Victoria keine weiblichen herrscher mehr. Die frauen, die dann aufgetaucht sind, waren frauen für frauen, aber sie alle, die alten herrscherinnen auf der seite der männermacht und die neuen kämpferinnen auf der seite des weiblichen freiheitskampfes, sie alle gehören der weiblichen geschichte an. Wir brauchen sie, denn wenn wir frauen es nicht schaffen, uns eine vergangenheit zu bilden, werden wir keine zukunft haben.

Im augenblick sieht es so aus, als habe die weibliche zukunft schon begonnen. Feminismus ist zeitgeschmack. Aber feminismus bedeutet, ein schwaches geschlecht als aufsteiger. Etwas, das mit vorwiegend negativen körper- und charaktereigenschaften ausgestattet ist, arbeitet sich aus der tiefe empor. Und das, was oben ist, die männermacht, will weiterhin herrschen und muß sich anpassen. Ein mann, der en vogue ist, ist feminist. Und selbst, wenn er es nicht ist, wäscht er sich die füße, parfümiert sich, backt sonntags die pfannekuchen und erklärt seiner frau, was emanzipation ist.

Ein richtiger mann holt seine frau abends aus dem frauenzentrum ab und emanzipiert sich selbst. Das heißt, er schleppt nicht mehr die pakete, das macht sie. Er findet es nicht schmachvoll, daß er spazieren geht, während sie berufstätig ist. Das ist eben die emanzipation. Im namen der gleichberechtigung emanzipieren sich beide „partner", sie wird der ernährer der familie und er ist der hausmann. Ich kenne zwei selbsternannte männliche feministen, die beide, ohne sich verabredet zu haben, für das notzuchtrecht des mannes eintreten und moralische entrüstung äußern über frauen, die sich gegen vergewaltiger wehren.

Das ist nicht etwa die vermutete allmännliche geisteskrankheit, das ist die logische konsequenz eines männlichen feminismus, des anspruchs der männer, daß sie sich im namen der gleichberechtigung doch auch emanzipieren müßten. Dem alten rittersmann ist notzucht ein tabu, und seine aufgabe ist es, seine prinzessin vor diesem „schicksal schlimmer als der tod" zu bewahren. Sein idealweib ist Lucrezia, die sich nach ihrer vergewaltigung selbst entleibte. Der moderne feminist ist gewissermaßen eine männliche haremsdame, die das recht hat, das dem maskulinen mann verwehrt ist, im harem zu wohnen, wo ihm alle mösen offenstehen.

Das männermagazin „lui" produziert folgenden gedankengang:

Gleichberechtigung! Aber Gleichberechtigung auch für uns! Mir fällt hierzu ein oft zitiertes Wort der US-Feministin Valerie Solanas, Verfasserin des köstlichen 'Manifests zur Vernichtung der Männer' ein: 'Um sicher zu sein, daß er ein Mann ist, muß der Mann darauf achten, daß die Frau eindeutig Frau ist, nämlich das Gegenteil von einem Mann. Das heißt, die Frau soll sich verhalten wie ein Schwuler.' Versteh ich die Solanas richtig und wende ich ihre Forderung auf den Anspruch der Frauen auf mehr Zärtlichkeit an, dann sollen wir Männer uns möglichst lesbisch verhalten. lui mai 1978

Die gegenwärtige gesellschaft goutiert nicht die kfz-mechanikerin und duldet keine frau als lufthansa-pilotin. Aber sie goutiert den transvestiten, sie duldet, daß männer sich BH und strapse anzwingen und quasi-weibliche nackttänze veranstalten. Viele frauen verloren ihren berühmten weiblichen selbsthaß, sobald sie den mumm hatten, sich die künstlichen wimpern herunterzureißen und sich schworen, sich nie mehr zu schminken. Sie stiegen aus dem rock aus und schmückten sich als siegeszeichen mit dem bequemen kampfanzug des mannes und fühlten sich zum ersten mal nicht mehr als haustiere, die sich wimmernd unter einen beschützer herunterducken müssen. Sie waren menschen geworden und genossen ihre ehrhafte und wehrhafte weiblichkeit und gingen nachts allein durch den park.

Die emanzipation des mannes droht, der emanzipation der frau das wasser abzugraben, ganz einfach, indem nun die emanzipierte frau noch feministischer sein muß als der feministische mann. Also wimpern wieder ankleben, lilane augenschminke und klunker in die ohren – und die lebensgefährdenden hohen absätze, die hilflosigkeit signalisieren, sinnloserweise, denn wer soll denn deiner hilflosigkeit der beschützer sein, wenn auch die männer stöckeln? Und die strategisch wichtigste familienposition: Der kampf um das baby. Er ist, scheint es, eine bessere bruthenne als sie? Das kann die frau, die über den mann gesiegt hat, nicht auf sich sitzen lassen. Sie lädt sich das baby wieder auf und aus ists mit dem freiheitskampf.

Irgendwo steht geschrieben: „Schwachheit, dein name ist weib!" Aber nirgendwo steht geschrieben, daß tapferkeit, großmut, körperkraft keine weiblichen eigenschaften sein können. Es geht allein die behauptung, und die ist statistisch zu belegen, daß sich diese kriegerischen tugenden bei männern häufiger finden als bei frauen. Aber das können wir ändern. Wenn männer sich mit feigheit und perfidie schmücken, dann ist das nicht unser bier, und ob sich feige und perfide männer feministen oder antifeministen nennen, das geht uns nichts an.

Wenn aber diese morsch gewordene männermacht sich als „neue weiblichkeit" versteht, wenn das abbrökkeln und verfaulen der zivilisation „feministisch" genannt wird, wenn nicht mehr geradeaus denken können und die technik nicht mehr im griff haben heißen soll, daß männer ihre „weibliche natur" entdeckt hätten, wenn dem kampf ausweichen, sich dem starken unterwerfen und auf dem schwachen herumtrampeln „weibliche eigenschaften" sein sollen, dann muß gehandelt werden.

Gut ist gut und schlecht ist schlecht, und diese kaputte welt ist von grund auf schlecht. Sie war vielleicht niemals gut, aber das nachzuprüfen haben wir keine zeit. So, wie die welt ist, kann sie nicht bleiben. Sie ist bis zur existenzunfähigkeit für mensch und tier und pflanze zerstört, selbst die steine können auf ihr nicht mehr gedeihen. Wir frauen müssen diese erde übernehmen. Das bedeutet, daß wir mehr leisten müssen als einfach nett zueinander zu sein. Und die berühmten weiblichen eigenschaften mitleid, verständnis, sanftmut, nachgiebigkeit werden die allerfalschesten eigenschaften sein, wenn es gilt, die reste des lebens zu erhalten.

Wir brauchen eigenschaften, die früher einmal gute eigenschaften, sogar „tugenden" genannt wurden und die zugleich mit dem tugendbegriff gern veralbert werden: heldenmut, tapferkeit, ehrgeiz, standhaftigkeit. Daß männer sich diese tugenden als „männliche eigenschaften" angemaßt haben, das soll uns nicht zum problem werden, und daß frauen, die diese eigenschaften hatten, als „frauen mit männlichem geist" gefeiert wurden, das soll uns nicht irritieren.

Um das beste aus dieser welt zu machen, müssen wir das beste aus uns machen, und das beste nehmen wir uns daher, wo wir es finden.

DIE SCHLAFENDE RIESIN

Als erstes muß ich etwas unternehmen. Als zweites sollte es möglichst viele tote daraus geben. Als drittes bin ich dann eine historische persönlichkeit. Historische persönlichkeiten verändern die welt, ob zum guten oder zum bösen, können sie nicht wissen, weil sie gewöhnlich mit draufgehen.

Die frau, die etwas unternahm und dann in der obigen reihenfolge die welt verändert hat, ist Marie Antoinette, die „unglückliche" königin von Frankreich. Uns hat sie glück gebracht. Was sie unternahm? Sie hat am französischen hof die tischordnung geändert. Sie hat gegen sitte und anstand verfügt, daß damen und herren gemeinsam an einer tafel sitzen sollen, je ein herr neben einer dame. Bis dahin hatten herren und damen getrennt gespeist wie es sich gehörte. Alle welt fand dies, daß damen und herren gemeinsam aus den gleichen schüsseln aßen, abgrundtief pervers. Und alle welt ahmte es nach. Seither sitzen mann und frau an einem tisch und essen aus ein und derselben schüssel die gleiche nahrung.

Bis dahin galt für alle frauen bei allen völkern das eiweißnahrungstabu, daß frauen niemals die gleiche eiweißmenge und die gleiche eiweißbeschaffenheit essen durften wie die männer. Bei allen völkern aßen die männer getrennt von den frauen. Die frauen durften oft nicht einmal zusehen, die eßschalen der männer nicht anfassen, nicht die reste ihrer nahrung berühren. Es gab völker, die töteten eine frau, wenn sie versehentlich die küche der männer betrat.

Die frauen durften sich an kohlehydraten schadlos halten wie auch bei uns, wo bis zum heutigen tag die „hausfrau" hungrig vom mittagstisch aufsteht und dafür eine stunde später ihren kaffeeklatsch mit viel süßigkeit und kuchen zu sich nehmen darf. Auf grund von eiweißreduzierter ernährung verkümmern die körperzellen der frau. Die männerfaust kann in allen vier wänden der weltgeschichte von oben nach unten schlagend klarstellen, wer herr ist und wer sklave.

Seit zweihundert jahren nun ist im abendland das eiweißnahrungstabu gebrochen, seit zweihundert jahren essen sich die europäischen und amerikanischen frauen an die eiweißration der männer heran. Es gibt traditionelle tabureste, der teller mit dem großen fleisch ist der vaterteller, der teller mit dem kleinen fleisch der mutterteller, der sohnemann bekommt doppelt soviel muttermilch zugeteilt wie das tochterwürmchen . . .

Aber im allgemeinen ist die ernährung der frauen an die der männer angeglichen worden. Der weibliche zellkern wird eiweißgefüttert. Die weibliche erbmasse beginnt sich gegen die männliche erbmasse durchzusetzen. Die akzeleration, d.i. das beschleunigte größenwachstum der generationen, geht errechenbar zugunsten der frauen aus. Die frauen wachsen an die körpergröße der männer heran. Männliches schuldbewußtsein und vergeltungsangst rechnet bereits mit drei meter großen riesenweibern, die den männlein den garaus machen. Das lassen wir auf sich beruhen.

Jeder mann hat gegen jede frau die doppelfigur des bedrohers und des beschützers. Die frau darf sich aus der masse der männlichen bedroher einen beschützer auswählen, der sie gegen die gewalt der anderen männer abschirmt und dem sie in lebenslänglicher leibeigenschaft dienstbar ist, ihm söhne gebärt, die ebenfalls den frauen (ihren töchtern) bedroher sein werden, und abermals aus der lebens- und arbeitskraft von leibeigenen sich ernähren werden, der leibeigenen frauen, denen sie beschützer sind.

Das ist ein abgekartetes spiel, und aus diesem spiel kommt jeder mann zu seiner frau, solange, bis eben die frau in der lage ist, gegen den mann zurückzuschlagen. Eine frau, die im prügelkampf mit einem oder mehreren männlichen aggressoren bestehen kann, muß nicht sklave sein und einem männlichen beschützer den dreck wegmachen.

Feminismus ist ein biogenetischer ablauf auf dem fließband der evolution. Alle frauen sind auf diesem fließband abgefahren, ob sie das nun wahrhaben wollen oder nicht. Auch wenn wir keine biologischen roboter sein wollen, auch in der gesellschaft wird sich die eigenschaft der frau, daß ihre körperzellen „schlafende riesinnen" sind, auswirken. Die frau, die von oben nach unten auf den mann herabblickt, ist ein anderes wesen, ein wesen, das sie jetzt noch gar nicht kennen kann.

ÜBER MORAL UND GESCHMACK

Das charakteristische an moralbehafteten menschen ist nicht, daß sie jeden tag eine gute tat tun, sondern daß sie in allen ihren angelegenheiten eine außerordentliche durchsetzungskraft haben. Moral ist vor allem etwas subjektives, die fähigkeit, mit vehemenz zu handeln und dann die früchte dieses handelns anderen menschen gut verkaufen zu können.

Moral ist für mich immer kampfmoral, ohne rücksicht darauf, daß das ziel, das ich verfolge, vielleicht unmoralisch genannt werden kann. Ich lasse es dahingestellt sein, ob etwas, das ich anziele, den charakter von moral oder unmoral an sich haben könnte. Meine wertung gilt meinem subjektiven zustand. Habe ich eine ausreichende kampfmoral oder geht sie mir ab? Ich prüfe nicht die äußere situation, zunächst nicht. Ich prüfe mich selbst und erkenne an mir, ob ich einem kampf ausweichen kann, ob ich ihn annehmen muß, obwohl es vielleicht aussichtslos ist und ich riskiere, zerstört zu werden.

Das bequemste ist, gegen die ganze welt zu kämpfen, denn die welt wehrt sich nicht. Es ist sehr viel unbequemer, gegen einen einzelnen menschen zu kämpfen, der seine interessen verfolgt. Am schwersten ist es, gegen einen menschen zu kämpfen, der bereits im angriff ist und auf dich draufdrischt. Wenn ich da auf die idee komme, mich zu retten, indem ich mich platt auf die erde werfe, dann kann es geschehen, daß ich zwar weiterlebe, aber als ein so vernichteter mensch, daß mein leben nichts mehr wert ist. Ich habe mich gerettet um den preis, daß ich nie mehr kämpfen werde. Meine kampfmoral ist zerstört.

90% aller frauen, die lesen und schreiben gelernt haben, kämpfen für frieden, freiheit, fortschritt, für gerechtigkeit und gleichberechtigung. Sie kämpfen für diese sachen, weil niemand sie am kämpfen hindert. Die kämpferinnen für f.f.f. sind die gleichen, die mir ungefragt berichten, wie gut sie mit ihrem gatten, ihrem sohn, ihrem chef, ihrem gastarbeiter, ihrem nachbarn können, – ganz einfach, weil sie diesen gatten, söhnen, chefs etcetera nie etwas in den weg legen, sondern sie gewähren lassen.

90% aller lebewesen, die geschlachtet und geschändet auf unseren straßen herumliegen, sind nicht ratten, katzen, hunde, schweine, sondern frauen. Wir sind zur tiefsten, hoffnungslosesten wehrlosigkeit erzogen – besser gezüchtet worden und reißen die klappe auf und kämpfen für den frieden. Warum kämpfen wir für den frieden? Weil für uns nichts anderes drin ist.

Am allerweitesten haben es die chinesischen kämpferinnen gebracht. In China ist bereits „die hälfte des himmels" weiblich. Allein die chinesische erde ist ganz und gar männlich, denn sie wird von einem ungeteilten männlichen zentralkomitee kontrolliert. Das ist die situation, in der wir weiblich träumen und die liebe göttin eine fromme frau sein lassen.

Als erstes muß ich wissen, was ich will. Als zweites muß ich wissen, wie ich es erreiche. Als drittes muß ich wissen, was meinem ziel entgegensteht. Als viertes muß ich wissen, wie ich das hindernis beseitigen kann. Das ist alles, was ich wissen muß, um durch diese welt zu kommen.

Das erste ist ausschließlich angelegenheit meiner kampfmoral. Denn wenn ich meinen willen nicht klar und ausgerichtet in mir spüre, dann ist es uninteressant, ob ich mich aufgeregt oder gelassen, ängstlich oder mutig vorfinde, ob ich schmerz oder depression überwinden muß oder schmerzlos im besitz meiner körperlichen und geistigen leistungsfähigkeit bin. Wenn ich nicht weiß, was ich will, ist alles, was mir zur verfügung stehen könnte, mir nicht nützlich.

Aus all dem geht zunächst hervor, daß ich sprüche liebe. Ich liebe nicht nur meine eigenen sprüche, ich nehme sie, woher ich sie bekommen kann. Ein spruch aus einem silbenrätsel: Wenn du dich fürchtest, dann handle nicht, – hast du gehandelt, so fürchte dich nicht. Leicht gesagt, wenn ich auf meine feinde warte. Plötzlich geht das schlottern los und alle lieben sprüche sind vergessen.

Eine marxistische dichterin erzählte mir, sie habe in einem kellerversteck auf ihre verhaftung gewartet und sich die zeit vertrieben, indem sie „Vom Winde verweht" las. Aus der lektüre dieses buches habe sie trost und erbauung geschöpft. Als ich auflachte, sagte sie: Es ist doch ein gutes buch, oder nicht? Ich hatte gelacht, weil ich aus dem gleichen buch trost und erbauung geschöpft hatte, als ich einst auf meine vergewaltigung wartete. Ich und die dichterin hatten seinerzeit „in gegenüberliegenden schützengräben gekämpft", wie man so sagt. Meine leute wollten sie verhaften und ihre leute wollten mich vergewaltigen.

Zwischen dem, was ich will, und seiner erreichung vergeht die zeit. Ich kann die zeit passiv ausfüllen, indem ich mich still halte, lese, meditiere, musik höre und mich verberge. Ich kann die zeit aktiv ausfüllen, indem ich mich hervorwage, etwas unternehme, mein ziel verfolge oder einfach weglaufe, was unter umständen auch ein wagnis ist. Daß lektüre, zen-buddhismus, streichquartette etwas mit ästhetik und gutem geschmack zu tun haben, ist offenbar. Allein der zusammenhang zwischen der ästhetik des buches „Vom Winde verweht" und dem warten auf den feind ist nicht leicht einzusehen. Leicht einzusehen ist aber, daß meine unternehmungen an einem unzureichenden mittel scheitern können. Hätten wir beide in unseren gegenüberliegenden schützengräben vielleicht die „Nachfolge Christi" gelesen, wären wir nicht mehr am leben, wir hätten die hände gefaltet und wären den märtyrertod gestorben. Die wahl eines zureichenden mittels ist bereits eine frage des guten geschmacks.

In der patriarchalischen gesellschaft ist jede frau umstellt von vier männern: dem vater, dem bruder, dem gatten, dem sohn. Diese vier bilden die kanten eines undurchdringlichen kristallgitters. Eine frau kann die andere frau erblicken, kann mit ihr schwatzen, mit ihr gemeinsam wasser aus einem brunnen schöpfen, aber sie kann sie nicht kennenlernen. Sie ahnt nicht, was das für ein wesen ist, die andere frau.

Das kristallgitter des patriarchats ist zerbrochen. Die männer bilden nurmehr zusammenhanglose ketten, „ihre weiber" voneinander zu trennen. Die frauen haben sich gefunden. Sie schmelzen zu amorphen massen zusammen.

Die zeit, da wir glaubten, wir seien geisteskranke monster, weil wir anders waren als das vorgeschriebene bild der frau, ist vorbei. Wir haben einander erkannt.

Wir haben gelernt, uns im schweiß unserer leiber zusammenzukleben. Wir haben noch nicht gelernt, uns in gegenseitiger achtung auf distanz zu halten. Das müssen wir aber tun, wenn spielregeln gelten sollen.

Die moral kennt keine spielregeln. Sie kennt ein ziel und steuert es an. Das ergebnis wird oft „unmoralisch" genannt, weil nicht eingesehen wird, daß moral eine willensäußerung ist und daß starke willensäußerungen selten aus einer schönen seele fließen. Wenn im gleichen spiel ein wille gegenden anderen steht, muß es regeln geben, die für beide gelten. Über einer kaputtgemachten frau vergeht mir das lachen, auch wenn es frauen sind, die diese frau kaputt gemacht haben – auch wenn es meine frauen sind.

Besser ist es, wenn frauen, die gegeneinander streiten, sich von anfang an mit rücksicht und achtung begegnen. Nicht hart sein und nicht weich sein. Meine gefühle zwischen „nicht hart sein" und „nicht weich sein" hindurchsteuern zu können, das nenne ich meinen guten geschmack.

EINIGE ASPEKTE ZUR ORAKELBEFRAGUNG

Handelt es sich um eine ehrensache, hast du dein wort verpfändet, befrage nicht das orakel. Denn du würdest dich korrumpieren, und das wichtigste ist, daß du als „edle" vor das orakel trittst, und so wirst du auch angeredet.

Ehre das orakel, befrage es an dem für dich höchsten feiertag des jahres, allein, um deine ehrfurcht zu bekunden. Ob du mit dem spruch dann etwas anfangen kannst oder nicht, du hast einen kontakt hergestellt, der sich auf anderes befragen auswirken wird.

Jedes orakel spricht seine sprache, die oft nicht deine sprache ist. Überfrage das orakel nicht. Mache dir deine angelegenheiten klar und tritt mit dem fertigen entschluß vor das orakel. Dann erleichterst du dem orakel die arbeit. Es braucht nichts weiter als ja oder nein zu signalisieren. Da gibt es keine unklarheiten, ob du nun das orakel annimmst oder nicht.

Wenn du keinen entschluß fassen kannst, vielmehr deine befragung aus unsicherheit und verzweiflung kommt, dann nimm den spruch wörtlich. Wenn es im text heißt „Ledergürtel", dann suche nach einem ledergürtel, ganz gleich, wie sinnlos dir der spruch erscheint. Denn der sinn deines unternehmens sollte sein, daß du dich durch den spruch eines klügeren wesens aus allen zweifeln löst.

Ermüde das orakel nicht.

WARUM NICHT MAL KENTAUREN ZÜCHTEN?

Eines schönen tages wurden zwei menschlein geboren. Die medizinische untersuchung ergab einwandfrei, daß sie eineiige zwillinge waren. Folglich mußten sie nach aller erfahrung gleichgeschlechtig sein. Allein das waren sie nicht. Der eine paarling hatte die gonosomformel Xy, er war also ein „normaler junge". Der andere paarling hatte die gonosomformel X0, er war also ein sogenanntes „turnermädchen". Ein mädchen, wenn auch ein mißratenes.

Tatsächlich war die schulgenetik bei diesem fall in eine sackgasse geraten. Denn nach der schulgenetik müssen eineiige zwillinge gleichgeschlechtig sein. Aber nach der schulgenetik ist ein mensch mit der gonosomformel X0 ein weibliches wesen, alldieweil und sintemalen menschen ohne y-gonosom stets weiblich zu sein haben. Das y-gonosom, d.h. das geschlechtschromosom des „mannes" gilt als penissymbol.

Nehmen wir den geschlechterkrieg aus der angelegenheit heraus, bleibt übrig, daß alles menschliche denken zur symmetrie hinstrebt mit dem erfolg, daß wir alle nicht eingerichtet sind, objektive naturzustände zu begreifen. Denn die „natur" ist nicht symmetrisch. Nehmen wir den geschlechterkrieg in die symmetrie hinein, dann erhalten wir (von den überstrapazierten Yin und Yang mal abgesehen) eben „mann" und „frau". Ein richtiger mann hat die normalformel Xy, eine richtige frau hat die normalformel XX. Daneben gibt es den mißratenen mann, das sogenannte klinefelter-syndrom mit der formel XXy, und eine mißratene frau, das sogenannte turner-syndrom mit der formel X0. Jetzt müßten nur noch Herr Klinefelter und Fräulein Turner in den heiligen stand der ehe treten (was sie zivilrechtlich tatsächlich können) und alles ist o.k.

Die information über ein eineiiges zwillingspaar, das in der eingangs beschriebenen art „zweigeschlechtig" gewesen sein soll, entnehme ich dem buch von Helmut L. Karcher, Wie ein Ei dem anderen, Alles über Zwillinge, München 1975, Seite 107.

Mein Kommentar:

Die männliche spezies bildet folgende gonosomvarianten:

a) nach den formeln Xy, Xyy, Xyyy (der sogenannte „richtige mann")
b) nach den formeln XXy, XXXy, XXXXy (das klinefelter-syndrom)
c) nach der formel X0 (das turner-syndrom) als männliche gonosomvariante nach meiner ausdeutung der obigen information.

Es gibt männer, die haben in ihrem zellkern 45, 46, 47, 48 chromosomen. Das reicht aus, den menschenmann als gattung mit lebewesen aus einer vielzahl anderer spezies zu kreuzen. Das monster, das wir homo sapiens nennen, genügt uns nicht. Warum immer nur dieses hybrid aus neandertaler-männchen und cromagnon-weibchen? Warum nicht mal kentauren züchten?

NEANDER TALES

Vor vierzehntausend jahren gab es in Europa die Predmostkultur. Die leute, die einst bei dem ort, der heute Predmost heißt, lebten, waren über dreißig lange jahrtausende die erbittertsten feinde gewesen, und dazu hatten sie allen grund. Denn sie gehörten zwei verschiedenen spezies an und machten sich auf ein und demselben areal ein und dieselbe nahrung streitig. Sie hatten versucht, einander zu vertreiben und auszurotten. Aber sie hatten es nicht geschafft. Da hatten sie beschlossen, die nahrung miteinander zu teilen und legten ihre fortpflanzungstätigkeit zusammen. Sie scharten sich um ein und dasselbe feuer und betteten ihre toten in ein und dieselben gräber. So wurden sie von den archäologen vorgefunden. Die archäologen gruben ihre überreste aus und nannten die neandertalerknochen die männlichen skelette und die knochen der cromagnonmenschen nannten sie die weiblichen skelette. Das heißt, sie gingen davon aus, daß in unserer modernen menschheit ein neandertaloider typ „mann" genannt wird und daß ein cromagnontyp „frau" genannt wird. Und so schlossen sie blind und ohne hinzudenken, daß in der predmostkultur der neandertaler der spermienträger und der cromagnonmensch der uterusträger gewesen sei. Angenommen, es wäre tatsächlich so gewesen.

Damit ein neandertalermännchen sich mit einem cromagnonweibchen paaren kann, muß einiges ausgeräumt werden, was einer begattung im weg steht. Es müssen ausgeräumt werden die weibchen des neandertalers, es müssen ausgeräumt werden die männchen des cromagnonmenschen. Es müssen ausgeräumt werden die neandertalermännchen, die einen genetischen resistenzfaktor haben, denn die durchbrechen nicht die artschranke und paaren sich nicht mit einem cromagnonmenschen. Es müssen ausgeräumt werden die cromagnonweibchen, die einen genetischen resistenzfaktor haben, denn die verteidigen die artschranke und verhindern, daß das lebewesen einer anderen hominidenentwicklung ihren uterus besetzt. Diese ausräumung muß vierzehntausend jahre lang generation für generation aufs neue vollbracht werden, und dann findet der liebeskuß zwischen Greta Garbo und Robert Taylor auf dem höchsten leichenhaufen der naturgeschichte statt. Der fehler im verlauf dieser evolution liegt jetzt darin, daß der neandertaler aus dem uterus seines wirtstieres eine so ungezieferhafte vermehrung herausgebumst hat, daß seine eigene ausrottungsarbeit zunichte wurde. Der moderne homo sapiens besteht aus den biologischen männchen der spezies mann und aus den biologischen weibchen der spezies weib. Es besteht weiter aus den biologischen männchen der spezies weib und aus den biologischen weibchen der spezies mann. Es gibt männer, die sind gegen frauen resistent, und es gibt frauen, die sind gegen männer resistent. Es nimmt alles einen umgekehrten verlauf. Im allgemeinen streit um die nahrung und den lebensraum wird die fortpflanzungstätigkeit der gattungen wieder auseinandergelegt.

Es gibt frauen, die gehen mit ihren hunden ins bett und haben daran die allergrößten freuden. Weil nämlich der anatomische unterschied zwischen einer frau und einem hund auch nicht viel größer ist als der anatomische unterschied zwischen einer frau und einem mann. Der mann ist bis in den bau der hand, bis in kleinste anatomische einzelheiten das andere wesen. Den meisten frauen fällt es gar nicht weiter auf, daß wir mit männern außer der zweibeinigkeit nicht viel gemeinsames haben, weil der wichtigste körperteil des mannes die popotasche ist mit der geldbörse drin. Aber alle frauen sind allergisch dagegen, daß der menschenmann auf unsere willensäußerungen nicht adäquat reagiert. Der mann antwortet nicht auf unsere signale. Wir haben mit dem lebewesen einer anderen hominidenentwicklung eine paarungsgemeinschaft. Aber wir haben mit diesem lebewesen kein gemeinsames signalsystem. Was würde geschehen, wenn wir in die autonomen weiblichen gemeinschaften männer aufnehmen würden, die darin nicht mehr die herren wären, denen wir bedingungslos unterworfen sind? Was würde geschehen, wenn wir uns mit männern zusammensetzen und den männern sagen wer wir sind und was wir wollen. Die männer würden uns ganz einfach nicht verstehen und würden ehrlich nicht wissen, wovon die rede ist. Sie würden so unsinnige antworten geben und so närrisch reagieren, daß wir wütend werden und in aggressionsbahnen einlaufen. Aus der diskussion, die zur gegenseitigen verständigung dienen sollte, würde eine prügelei werden. Da wir auf unserem grund und boden die weiblichen platzhirsche sind und mit den männern sowieso noch einiges abzurechnen hätten, würden wir die voraussichtlichen sieger sein. Wir würden die männer zur tür hinauswerfen und da sind sie ja schon.

NEANDER TALES ZWEITER TEIL

Wenn ein weiblicher cromagnon-mensch sich mit einem männlichen neandertaler paart, dann tut er das nicht aus penisneid oder vaginafreud, sondern allein, um eine nahrungskonkurrenz zu beenden, nämlich die nahrungskonkurrenz, die zwischen den beiden menschheitsstämmen unfrieden stiftete. Neandertaler und cromagnon-menschen fanden einen weg, die artschranke, die ihre beiden spezies trennte, zu durchbrechen und lebensfähige nachkommen miteinander zu haben. Die beiden kontrahenten konnten ihre fortpflanzungstätigkeit zusammenlegen und sich die nahrung teilen.

Heute sind wir am anderen ende der geschichte angekommen. Die frauen fordern eine gerechte neuverteilung der güter dieser erde. Die männer sollen ihre besitztümer herausrücken und die frauen wollen einen gerechten anteil daran haben. Die forderung nach gleichberechtigung, gleichbeteiligung, gleicher arbeit, gleichen löhnen ist die nahrungskonkurrenz. Ein lebewesen kann aber zu seinem geschlechtspartner nicht in nahrungskonkurrenz treten. Die frauen, die an den mann forderungen, die das eigentum betreffen, stellen, müssen aus dem bett des mannes aussteigen und in die welt hinausziehen. Dort können sie nach den möglichkeiten ihres kampfpotentials sich ihren anteil an den reichtümern dieser erde erwerben. Die voraussetzung ist allerdings, daß diese frauen ein kampfpotential darstellen.

Es gibt frauen, die sind chromosom-weibliche uterusträger und es gibt frauen, die sind chromosom-weibliche spermienträger und es gibt mädchengeburten aus weib-weiblicher fortpflanzung. Frauen sind als fortpflanzungsfähige spezies verblieben, und frauenbewegung ist ein resistenzverhalten der weiblichen spezies gegen die männliche spezies. Das wesen der frauenbewegung besteht darin, daß hier rein weibliche populationen gebildet werden, die so verteidigungsfähig sind, daß der menschenmann sich nicht mehr in ihre mitte hineinpflanzen kann.

Bis vor 200 jahren hat es in vielen gegenden der erde noch freilebende resistenzstämme der weiblichen spezies gegeben. Im mittelalterlichen Europa hießen sie mädchenvölker, am Amazonas hießen sie amazonen, anderswo hießen sie anders, aber sie waren als rein weibliche populationen zwischen mann-weiblichen mischvölkern anerkannt und geduldet. Heute gibt es keine freilebenden resistenzstämme der weiblichen spezies mehr, weder in den Karpaten noch am Amazonas. Bis vor 200 jahren gab es selbst im machtbereich des menschenmannes rückzugsgebiete, in die sich die frauen, die sich nicht mit männern paaren wollten, zurückziehen konnten. Heute gibt es keine rückzugsgebiete vor dem menschenmann.

Die frauenbewegung teilt mit allen geschöpfen der natur das schicksal, daß es ein ausweichen aus dem machtbereich des menschenmannes nicht mehr gibt. Alle nicht-menschenmännlichen lebewesen müssen im machtbereich des menschenmannes leben und sind mit ihm konfrontiert. Keine tsetse-fliege kann aus dem machtbereich des menschenmannes hinausfliegen. Sie kann höchstens von einem afrikanischen staat in einen anderen fliegen. keine termite kann sich aus dem machtbereich des menschenmannes hinausknabbern.

Sie kann sich höchstens von Vietnam nach Kambodscha durchfressen, dort ein rotkreuzschiff entern und in Hamburg an land gehn. Kein virus kann namenlos und unerkannt in einem südchinesischen bambuswäldchen vor sich hindämmern. Sondern er kann höchstens noch der virus B 814 sein, der sich mir in den weg stellt, wenn ich von Milbertshofen nach Schwabing gehe.

Die frauenbewegung teilt mit vielen geschöpfen der natur das schicksal, daß sie kampfstärker ist als der menschenmann, denn resistenz bedeutet, daß eine frau die artschranke verteidigt gegen einen mann, der hier die artschranke nicht durchbrechen kann. Was das für die gesamte irdische lebenswelt bedeutet, daß der menschenmann alle lebewesen gegen sich in die konfrontation gefordert hat, daß kein lebewesen ihm mehr ausweichen kann und daß viele lebewesen und arten stärker sind als der menschenmann, will ich hier nicht untersuchen. Ich will nicht einmal auf die mann-frau-konfrontation hinaus. Sondern ich will darauf aufmerksam machen, daß es ja auch eine konfrontation von frauen gegen frauen gibt.

Der menschenmann ist für alle frauen der nahrungskonkurrent, aber für eine resistente weibliche gemeinschaft ist er zusätzlich der fortpflanzungskonkurrent. Denn er hat fast die gesamte eigenfortpflanzung der weiblichen spezies blockiert und er beansprucht alle frauen, die biologischen weibchen und die biologischen männchen der spezies weib, die resistenten und die nicht resistenten frauen zu seinem gebrauch.

Es ist ein grundsätzlicher unterschied, ob eine frau den menschenmann als nahrungskonkurrenten bekämpft oder ob eine frau den menschenmann als fortpflanzungskonkurrenten bekämpft. Z.B.: Eine deutsche kolumnistin mag vielen frauen aus der seele gesprochen haben, wenn sie in ihrer wochenendzeitung fordert, diese unschön verbissenen feministinnen mögen endlich aufhören, gegen die männer so aggressiv zu sein und lieber dafür sorgen, daß es gleichen lohn für gleiche arbeit gibt. Das ist auf den ersten blick roher unsinn. Die kolumnistin hat gegen die männer lohnforderungen erhoben und hofft, ihr geld mit hilfe der frauenbewegung eintreiben zu können. Damit wir williger herbeieilen, bedenkt sie uns mit schmähungen. Aber wir können der „schwester" gar nicht helfen, denn wir haben ihren rat befolgt und sind gegen die männer nicht mehr aggressiv, daraufhin haben die männer unser territorium besetzt und es gibt uns gar nicht mehr.

Auf den zweiten blick hat die ingrimmige wut, mit der die mannsfrauen sich gegen die autonomen frauen entladen, einen sinn darin, daß ja lohnforderungen auf dem verhandlungsweg eingebracht werden können. Wenn die mannsfrauen wirklich nichts weiter wollen, als ein größeres stück aus dem kuchen des deutschen nationalvermögens, dann werden sich männer finden, die klug genug sind, die partei dieser frauen zu ergreifen, und die männer werden einiges opfern, um nicht alles zu verlieren. Wer in diesem schachergeschäft zu kurz kommen wird, das sind die autonomen frauen. Ihre interessen können in diesem handel nicht berücksichtigt werden. Denn in einer fortpflanzungskonkurrenz gibt es keinen verhandlungsweg und keine hoffnung auf männliche bundesgenossen. Alle männer und alle frauen dieser männer, d.h. alle mannsfrauen werden gegen uns sein.

Für die frauenbewegung gilt eines und sonst keines: daß wir ein territorium besetzen, auf dem wir lebensfähig sind. De jure ist die gesamte erdoberfläche der machtbereich des menschenmannes, de jure, das heißt nach dem gesetz. De facto aber ist alles land unser land, das wir gegen feindliche eindringlinge verteidigen können, de facto heißt, in einer wirklichkeit, die gegen das gesetz bestehen kann. Daß wir frauen kein großes, zusammenhängendes gebiet besetzen können, auf dem wir „ein freies volk auf freiem grund und boden" sind, ist ein vorteil und kein nachteil, denn ein solches gebiet könnten wir nicht verteidigen. Allein die jeweils 40 bis 400 quadratmeter grundbesitz, die wir dem menschenmann abmieten und abkaufen können, die können wir auch verteidigen. Unsere chance besteht einfach darin, daß wir niemals mehr grund und boden besetzt halten, als wir kampfmäßig verteidigen können.

Unsere besonderheit ist, daß wir keine schußwaffen führen, wohl aber der gegner. Wenn die männer und ihre mannsfrauen uns mit fäusten angreifen, eisenstangen, fahnen und transparente auf unsere schädel trümmern, wenn sie mit aufgeklappten rasiermessern gegen uns anrennen, uns die schnauzen zu zerschneiden, gibt es eine kampfsituation, die wir verkraften können. Die staatsmacht steht mit den händen auf dem rücken da, wünscht den zerstörern unserer griechischen nasen viel erfolg, und wenn wir unsere feinde zurückschlagen, sagen die polizisten ihnen die parteilichkeit auf und finden uns vielleicht nicht übel.

Wenn aber die männer und die mannsfrauen mit maschinenpistolen tapetenmuster in unsere wände schießen, wenn sie unsere projekte mit bomben und brandlegung zerstören, dann müssen die polizisten notgedrungen auf unserer seite in den kampf eingreifen, denn die verteidiger der männermacht haben landfriedensbruch begangen. In der realität sind sie marodeure. Sie haben unser gebiet zerstört, geplündert und tanzen auf den trümmern unserer sperrmüllmöbel ihren siegestanz, dann aber müssen sie abziehen und wir kommen aus der ambulanz mit verbundenen gliedern zurück und beginnen mit dem neuaufbau. Das ist der grund, weshalb wir in den 10 jahren unseres bestehens nicht einen fußbreit boden verloren haben.

Diese erde war zu keiner zeit ein niemandsland. Sie war immer im besitz von irgendwelchen leuten und ein eroberer stürzte über den anderen hinweg, nahm seinen platz ein und mußte wieder gehen. Einst war diese erde unsere erde, aber aus den schwächen unseres weiblichen charakters: aus langmut, duldsamkeit, nachgiebigkeit, friedfertigkeit, barmherzigkeit, entschlußlosigkeit haben wir unsere erde verloren und jetzt gehört sie den männern. Solange wir im machtbereich der männer leben müssen, solange sind wir in der abhängigkeit der männer und niemals frei.

Wir müssen das gewohnheitsrecht der männer auf allen grund und boden dieser erde brechen. Wir müssen nicht das geld und nicht die kleider und nicht die berufe und nicht die gesellschaftlichen positionen zu einer gerechten teilung anfordern, wir müssen die gesamte erdoberfläche zu einer gerechten teilung anfordern. Der boden dieser erde muß zwischen dem volk der männer und dem volk der frauen gerecht geteilt werden. Auf die frage: „Wo sollen wir denn hin, es ist doch nirgendwo mehr platz auf dieser erde?" habe ich hoffentlich eine gültige antwort erteilt.

„ALLES MÄDCHEN"

Eine behagliche vormittagsgesellschaft auf einer veranda. Die sonne scheint durch die grün bewachsenen scheiben, im garten verdampft die feuchtigkeit des letzten regens. Wir sind vier weibliche menschen, jede mit sich selbst beschäftigt: ein lesendes kind, zwei erwachsene schwestern, die, seit sie männer haben, sich kaum mehr kennen, und ich, eine hereingeschneite fremde. Da kommt die schwägerin des wegs und trägt ihr söhnchen auf dem arm. Sie sichtet unsere schweigende versammlung und setzt sich still dazu. Aus der küche holt sie einen brei und beginnt mit der fütterung des kleinen prinzen. Der sohn ist ein ganz gewöhnliches baby. Er versucht spielerisch dem löffel auszuweichen und, wenn es ihm gelingt, lacht er uns an. Wir benehmen uns wie ganz gewöhnliche frauensleute und lachen zurück. Das lachen geht hin und her, und es ist immer noch kein wort gefallen. Da steckt die sohnesmutter dem sohn den löffel in den mund und sagt: „Alles mädchen!" Mit zwei wörtern macht sie uns zu weiberfleisch und wirft dieses weiberfleisch dem sohn zum fraß vor. Der sohn kann noch nicht sprechen und noch nicht laufen. Er kann kaum brei schlucken. Aber er lernt zu begreifen: Wir sind sein eigentum.

Eine frau hält ein weißes tuch vor die augen. Ihr bild geht durch die weltpresse. Wir haben ihr schicksal mitverfolgt und wissen, noch ehe wir den text buchstabieren: Das ist die mutter des mörders und der mörder hat pech gehabt. Er ist nun doch zum tode verurteilt worden, und jetzt weint sie. Worüber weint diese mutter? Weint sie vielleicht über die 27 frauen, die ihr sohn schauerlich zu tode gefoltert hat? Gewiß nicht. Von der sohnesmutter aus gesehen waren das geile huren, die ihrem armen jungen ins messer gelaufen sind. Der arme junge hatte die angewohnheit, seine opfer mit den zähnen zu zerfleischen und an dem gebißabdruck, den er an einer geschändeten und geschlachteten frau hinterlassen hat, konnte er überführt werden. Alfred Hitchcock, der mütterfeind, würde vermuten, daß nicht der sohn, sondern die mutter an allem schuld sei. Sie hat das baby einst mit brei gefüttert und hat mit dem löffel auf die anwesenden damen gewiesen und gesagt: Wenn du artig bist, darst du die auch aufessen.

Das ganze unglück kommt daher, daß die sohnesmutter in dem wahn lebt, gott habe die menschheit als mann und weib erschaffen. Genau das ist nicht der fall. Der menschenmann ist seiner archäologischen herkunft nach ein neandertaler, der innerhalb seiner eigenen spezies seine fortpflanzungsfähigkeit eingebüßt hat, und die frau ist ein cromagnon-mensch, ein artgenosse der großen steinzeitjägerinnen von Altamira und Lascaux, und bis vor kurzem (ein paar zehntausend jahren) hatten die beiden überhaupt nichts miteinander zu tun. Dann fing das männchen des neandertalers an, durch den uterus eines cromagnonmenschen das kukkucksei seiner nachkommenschaft in die weibliche spezies hineinzulegen. Und dieses kuckucksei ist der sohn. Der sohn ist ein neandertaler, der gewissermaßen einen tarnanzug anhat. Er sieht über die zeit seiner kindlichen hilfsbedürftigkeit aus wie ein nachkomme der weiblichen spezies, wie eine tochter. Aber die tochter sieht, wenn sie zwanzig ist, immer noch aus wie die tochter ihrer mutter. Allein der sohn wird sich zwischen seinem zehnten und zwanzigsten lebensjahr wunderlich verwandeln. Er wird alle körpermerkmale eines cromagnonmenschen verlieren und wird die körpermerkmale eines neandertalers annehmen. Ein neunjähriger sohn sieht aus wie eine von unseren schwestern. Aber ein neunzehnjähriger sohn läßt schon vom aussehen her keinen zweifel aufkommen, daß wir in ihm nicht einmal mehr unseren bruder sehen dürfen.

Die sohnesmutter betritt die frauenkneipe. An der hand führt sie einen neunjährigen sohn. Die frau am zapfhahn reagiert überaus sensibel. Sie sagt: He du, nimm deinen jungficker weg, der paßt hier nicht rein. Die sohnesmutter reagiert auch empfindlich. Sie wendet sich an die öffentlichkeit und ruft 30 millionen deutsche neandertaler zu zeugen auf, daß ihr sohn doch in eine frauenkneipe reinpaßt. Aber um ein haar, um das haar aus dem pelz des neandertalers hätte dieser sohn nicht einmal in ihre mütterlichen arme gepaßt. Wenn er nämlich ohne tarnanzug, ganz einfach von geburt aus mit den körpermerkmalen des neandertalers zur welt gekommen wäre. Dann hätte die mutter dies haarige wesen nicht in ihren armen halten wollen. Wenn es dann mit seiner zottelschnauze nach ihrer brustwarze geschnappt hätte, dann hätte sie vor angst und grauen geschüttelt, das ding, das sie geboren hat, in die mülltonne gekippt.

Die sohnesmutter ist ihrer eigenen weiblichkeit zweckentfremdet. Sie dient dem fortpflanzungsgeschehen einer fremden, feindlichen spezies, die sich bei uns nun einmal eingenistet hat. Und wenn sie von da aus schädigend auf die eigene weiblichkeit zurückwirkt, dann ist ihr das nicht anzukreiden. Das ist von der natur so eingerichtet. Wenn aber eine sohnesmutter ein bewußtsein bekommt und einen freiheitsdurst, der nicht einfach ein bierdurst ist zum feierabend ihrer sohnesbedienung, wenn eine sohnesmutter am freiheitskampf der frauen gegen die männer teilhaben will, dann ist ihr eine entscheidung abzunötigen. Und wie sieht diese entscheidung aus? Sie hat die moralische verpflichtung für das wesen, das sie geboren hat, zu sorgen. Und dieser moralischen verpflichtung folgt sie so lange, bis der sohn sie darüber belehrt, daß er ihre fütterung und ihre pflege nicht mehr braucht. Das ist der augenblick, wo ihm das fell wächst und er daran geht, seine mutter herunterzukämpfen. Seine mutter ist die erste weibliche fußmatte, die er unter sich zu treten wünscht, sie ist die boxbirne, an der er sich gegen die weiber einübt. Wenn der sohn anfängt, seine mutter zu seinem weib zu machen, ist sie aller moralischen verpflichtung ledig. Sie kann ihre gefühle gegen diesen eindringling in die weibliche spezies neutralisieren und ist frei, ihrem eigenen willen zu folgen. Das problem ist nicht der sohn. Das problem ist die sohnesmutter, und warum sollte dieses problem unlösbar sein?

AUFSCHLÜSSELUNG

Es gibt in unserer gesellschaft mädchengeburten aus weib-weiblicher fortpflanzung. Vielleicht hat es sie immer gegeben, aber die wissenschaft und medizin hat gegen dieses phänomen nicht aufgemerkt. Die weibliche spezies ist fortpflanzungskomplett vorhanden und besteht aus chromosom-weiblichen uterusträgerinnen und aus chromosom-weiblichen spermienträgerinnen. Es ist von natur so eingerichtet, daß die weibliche menschheit ihre eigenen weiblichen spermienträger hat. Das läßt den schluß zu, daß das lebewesen, das wir als mann bezeichnen, nicht unser angestammter geschlechtspartner sein kann. Wir wissen nicht, was der mann für ein lebewesen ist, woher er kommt, und wie er in unsere sippschaft hineingeraten ist. Eins ist klar, daß in einer weib-weiblichen fortpflanzungsreihe der mann überflüssig ist.

Es gibt die möglichkeit, einen virus in das y-gonosom des mannes einzusetzen und eine biogenetische kettenreaktion auszulösen. Wir können sämtliche menschenmännlichen zellkerne aufsprengen und können den menschenmann als biologische erscheinungsform aus der evolution tilgen. Wenn es nur einen einzigen weg in die freiheit gäbe, und dieser weg führte über zwei milliarden männerleichen, dann könnten wir diesen weg gehen. Wir wissen nicht, welchen weg wir gehen werden und was auf uns zukommt. Aber wir wissen, was heute geschieht, wir müssen es nur voll und ganz begreifen. Daß wir es nicht mehr nötig haben vor männern auf knien zu rutschen, ist nur die halbe wahrheit. Die ganze wahrheit ist, daß wir es auch nicht mehr nötig haben, vor den mannsfrauen auf knien zu rutschen.

CHRISTA REINIG
wurde 1926 in Berlin geboren, besuchte dort die Schule und begann eine Blumenbinderlehre, arbeitete später als Bürogehilfin und als Arbeiterin in Fabriken und auf dem Bau. Von 1953 bis 1957 studierte sie an der Humboldt-Universität Kunstgeschichte und christliche Archäologie. Bis 1963 war sie wissenschaftliche Assistentin am Märkischen Museum in Ostberlin. 1964 wurde sie mit dem Bremer Literaturpreis ausgezeichnet, seitdem lebt sie in der Bundesrepublik. Sie ist Mitglied des PEN, des Münchner Tukankreises und der Bayerischen Akademie der Schönen Künste. 1965/66 war sie Stipendiatin der Villa Massimo, 1968 bekam sie den Hörspielpreis der Kriegsblinden, 1969 den Tukan-Preis der Stadt München, 1976 den Kritikerpreis für Literatur und 1980 das Stipendium des „Münchner Literaturjahres".

Buchveröffentlichungen:
Die Steine von Finisterre, Gedichte, 1960; *Der Traum meiner Verkommenheit,* 1961; *Gedichte,* 1963; *Drei Schiffe,* 1965; *Schwabinger Marterln,* 1969; *Orion trat aus dem Haus,* 1969; *Schwalbe von Olevano,* Gedichte, 1969; *Das große Bechterew-Tantra,* 1970; *Papantscha Vielerlei,* 1971; *Hantipanti,* 1972; *Die Ballade vom blutigen Bomme,* 1972; *Die himmlische und die irdische Geometrie,* Roman, 1975; *Der Hund mit dem Schlüssel,* 1976; *Entmannung,* Roman, 1976; *Drei Schiffe,* 1978; *Müßiggang in aller Liebe Anfang,* 1979; *Die Prüfung des Lächlers,* Gedichte, 1980;
ferner zahlreiche Hörspiele, Übersetzung der Gedichte von Marina Zwetajewa und Veröffentlichungen in „Die Schwarze Botin", „Frauenoffensive Journal" und „Münchner Frauenzeitung".

Ungekürzte Ausgabe
1. Auflage, 1981
Verlag Frauenoffensive, Kellerstraße 39, 8000 München 80

ISBN 3-88104-108-7

Druck: Werkstätten für Behinderte, Druck- und Verlagshaus
Bauland Hohenlohe, Krautheim

Frauenoffensive

130 S. DM 12,--

Ein Buch, das schon vor seinem Erscheinen heftige Reaktionen der Kritik ausgelöst hat. Die Skala der Äußerungen reicht von: „Das hätte uns Christa Reinig ersparen können“ bis zur Überreichung der tz-Rose für besondere künstlerische Leistungen.
Die Außenform dieser subtilen Liebesgeschichte zwischen zwei Frauen ist ein Kalender. Er hat 365 Sprüche, für jeden Tag einen. Aber die Summe der Sprüche, der Tage ergibt ein Jahr der Entscheidung darüber, ob zwei Menschen aneinander verzweifeln oder sich füreinander stark machen. Trennungsängste, Todesahnungen, alltägliche Schwierigkeiten, „in die Waschmaschine blicken“ und ein happy end. Am letzten Tag des Jahres ein Rückblick. Sie sind älter und klüger geworden und ihre Liebe hat alle Schwierigkeiten überdauert.
Der Grund auf dem diese Liebe gediehen ist, ist die Frauenbewegung. Seitenhiebe gegen Frauenfeste und Sohnesmütter täuschen nicht darüber hinweg, daß ohne die feministische Revolution das Gelingen dieser Liebe nicht möglich wäre.